當代大陸政策

Contemporary Mainland China Policy

邵宗海◎著

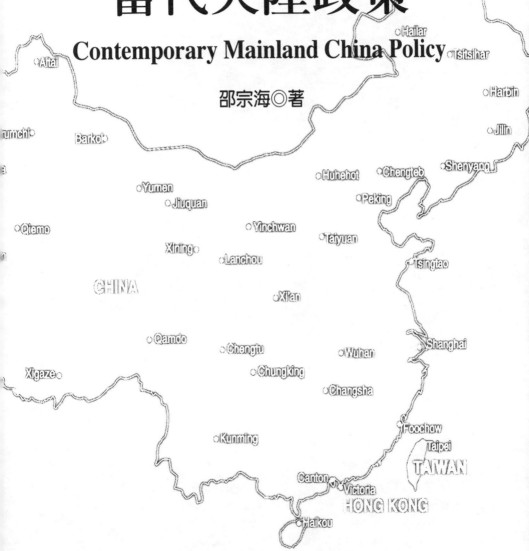

「亞太研究系列」總序

　　「二十一世紀是亞太的世紀」，這句話不斷地被談起，代表著自信與驕傲。但是亞太地區絕非如此單純，未來發展亦非一定樂觀，它的複雜早已以不同形態呈現在世人面前，在開啓新世紀的同時，以沉靜的心境，深刻的瞭解與解決亞太區域的問題，或許才是我們在面對亞太時應有的態度。

　　亞太地區有著不同內涵的多元文化色彩，在這塊土地上有著天主教、基督教、佛教、回教等不同的宗教信仰；有傳承西方文明的美加澳紐、代表儒教文明的中國、混合儒佛神教文明的日本，以及混雜著不同文明的東南亞後殖民地區。文化的衝突不止在區域間時有發生，在各國內部亦時有所聞，並以不同的面貌形式展現它們的差異。

　　美加澳紐的移民問題挑戰著西方主流社會的民族融合概念，它反證著多元化融合的觀念只是適用於西方的同文明信仰者，先主後從、主尊客卑、白優黃劣仍是少數西方人面對東方移民時無法拋棄的心理情結。西藏問題已不再是單純的內部民族或政經社會議題，早已成爲國際上的重要課題與工具。兩岸中國人與日韓三方面的恩怨情仇，濃得讓人難以下嚥，引發的社會政治爭議難以讓社會平靜。馬來西亞的第二代、第三代，或已經是第好幾代的華人，仍有著永遠無法在以回教爲國教的祖國裡當家作主的無奈，這些不同的民族與族群問題，讓亞太地區的社會潛伏著不安的危機。

　　亞太地區的政治形態也是多重的。有先進的民主國家；也有的趕上了二十世紀末的民主浪潮，從威權走向民主，但其中有的仍無法擺脫派系金權，有的仍舊依靠地域族群的支持來建構其政權的合法性，它們有著美麗的民主外衣，但骨子裡還是甩不掉威權時期的心態與習性；有的標舉著社會主義的旗幟，走的卻是資本主義的道路；有的高喊民主主義的口號，但行的卻是軍隊操控選舉與內閣；有的自我認定是政黨政治，但在別人眼中卻是不折不扣的一黨專政，這些就是亞太地區的政治形態寫照，不同地區的人民有著不同的希望與訴求，菁英份子在政治格局下的理念與目標也有著顯著的差異，命運也有不同，但整個政治社會仍在不停的轉動，都在向「人民為主」的方向轉，但是轉的方向不同、速度有快有慢。

　　亞太地區各次級區域有著潛在的軍事衝突，包括位於東北亞的朝鮮半島危機；東亞中介區域的台海兩岸軍事衝突；以及東南亞的南海領土主權爭議等等。這些潛在的軍事衝突，背後有著強權大國的利益糾結，涉及到複雜的歷史因素與不同的國家利害關係，不是任何一個亞太地區的安全機制或強權大國可以同時處理或單獨解決。在亞太區域內有著「亞太主義」與「亞洲主義」的爭辯，也有著美國是否有世界霸權心態、日本軍國主義會否復活、中國威脅論會否存在的懷疑與爭吵。美國、日本、中國大陸、東協的四極體系已在亞太區域形成，合縱連橫自然在所難免，亞太地區的國際政治與安全格局也不會是容易平靜的。

　　相對於亞太的政治發展與安全問題，經濟成果是亞太地

區最足以自豪的。這塊區域裡有二十世紀最大的經濟強權，有二次大戰後快速崛起的日本，有七〇年代興起的亞洲四小龍，八〇年代積極推動改革開放的中國大陸，九〇年代引人矚目的新四小龍。這個地區有多層次分工的基礎，有政府主導的經濟發展，有高度自由化的自由經濟，有高儲蓄及投資率的環境，以及外向型的經濟發展策略，使得世界的經濟重心確有逐漸移至此一地區的趨勢。有人認為在未來世界區域經濟發展的趨勢中，亞太地區將擔任實質帶領全球經濟步入二十一世紀的重責大任，但也有人認為亞洲的經濟奇蹟是虛幻的，缺乏高科技的研究實力、社會貧富的懸殊差距、環境的污染破壞、政府的低效能等等，都將使得亞洲的經濟發展有著相當的隱憂。不論如何，亞太區域未來經濟的發展將牽動整個世界，影響人類的貧富，值得我們深刻的關注。

在亞太這個區域裡，經濟上有著統合的潮流，但在政治上也有著分離的趨勢。亞太經合會議（APEC）使得亞太地區各個國家的經濟依存關係日趨密切，太平洋盆地經濟會議（PBEC）、太平洋經濟合作會議（PECC），也不停創造這一地區內產、官、學界共同推動經濟自由與整合的機會。但是台灣的台獨運動、印尼與東帝汶的關係、菲律賓與摩洛分離主義……使得亞太地區的經濟發展與安全都受到影響，也使得經濟與政治何者為重、群體與個體何者優先的思辨，仍是亞太地區的重要課題。

亞太地區在國際間的重要性日益增加，台灣處於亞太地區的中心，無論在政治、經濟、文化與社會方面，均與亞太地區有密切的互動。近年來，政府不斷加強與美日的政經關

係、尋求與中國大陸的政治緩和、積極推動南向政策、鼓吹
建立亞太地區安全體系,以及擬將台灣發展成亞太營運中心
等等,無一不與亞太地區的全局架構有密切關係。在現實
中,台灣在面對亞太地區時也有本身取捨的困境,如何在國
際關係與兩岸關係中找到平衡點,如何在台灣優先與利益均
霑間找到交集,如何全面顧及南向政策與西向政策,如何找
尋與界定台灣在亞太區域中的合理角色與定位,也是值得共
同思考的議題。

　　「亞太研究系列」的出版,表徵出與海內外學者專家共
同對上述各類議題探討研究的期盼,也希望由於「亞太研究
系列」的廣行,使得國人更加深對亞太地區的關切與瞭解。
本叢書由李英明教授與本人共同擔任主編,我們亦將極盡全
力,為各位讀者推薦有深度、有分量、值得共同思考、觀察
與研究的著作。當然也更希望您們的共同參與和指教。

張亞中

自 序

　　有關台北大陸政策這個主題的研究，在學界菁英努力推動下，多年來已有豐碩的成果出現。但是，就其內涵複雜而言，或者就政策改變或調整的速度而言，任何藉助個人力量的學者，想要堆砌出一份完整的大陸政策分析，顯然尚難見到有整合的結果。這本書主要撰寫的目的只是希望能追求一個「開始」，讓歷史的紀錄能先粗糙地留存下來，慢慢讓更多投入這個主題研究的學者，在將來可更從容地將這些政策從事細緻的分析。

　　就國民黨執政時代說起，當撰寫兩岸關係相關的書籍時，總覺得台北的「大陸政策」是很難能立即整理成章的部分，或許過去很多人認為「國統綱領」是大陸政策，其實「國統綱領」只是台北大陸政策的重要依據，但是，它卻不能等同於大陸政策，因為尚有其他文件，例如，「一個中國意涵」、「李六條」、「兩岸人民關係條例」等等涵蓋在內才算完整。等到在政大中山所開了「大陸政策的發展與評估」這門課時，更是發現大陸政策所涵蓋的範圍不僅廣泛而且複雜，由國家元首或行政首長所發布的文告、聲明，或重要談話，固然就是政策的一部分外，而且，相關的政策機構主管在記者會及立院答詢時所發表的立場，有時也可能構成政策的一部分。當然與兩岸關係相關的法令與重要議案，更是所謂的政策。因此在授課時，往往最困擾的便是立場聲明算不

算是政策，譬如說「戒急用忍」及「特殊國與國關係」的看法，再進一步說，若沒有相關法令的支持與配合的宣示又算不算是政策？譬如說「特殊國與國關係」的主張，這些都需要再三的查證之後才能把它定位在政策的層面。

而且，更令人感到需要的，便是一些重要的聲明、文告、節慶及場合的談話，甚至在記者會中所發表的看法與立場宣示，由於它們就有可能成為大陸政策的一部分，所以，這些重要文件便是尋求政策構成來源的依據。但是，長久以來，由於這些文件散落在政府網站、報紙舊檔，以及一些已散發過的宣傳小冊上，一旦要統籌運用，蒐集上就是一種困難。在「大陸政策發展與評估」這門課程裡，常常有同學們為收集相關的文件資料，因為不是非常順利而感到苦不堪言。因此，要把相關文件，以及政策配合之法令依據，一一蒐集成冊，固是一份不易的工作，但卻是必須經歷的過程。

等到台灣面臨「政黨輪替」，一向定位大陸政策為「中國政策」的民進黨起而執政，它的「台獨黨綱」基本立場對於過去由國民黨主政時期主張國家統一的大陸政策有了顯著的矛盾與衝突，當然大陸政策基本主張就受到了影響與衝擊。加上陳水扁總統就職總統三年多以來，特別在兩岸關係層面上所持的立場始終模糊不清，所發表的政策宣示又有各方解讀不同的結論出現，所以要解析民進黨政府或陳水扁團隊的大陸政策，就變成了現階段兩岸關係研究最重要而且不可缺少的課題。另外，陳水扁總統在2002年8月3日所發表的「一邊一國」主張，也顯示出他對兩岸政治定位為兩個主權體的堅持。在這樣主張的前提下，台北的大陸政策勢必要作

大幅度的改變，而且也對原本已呈僵局的兩岸關係形成更嚴峻的挑戰。就在這個時候，感謝曾出版很多人文社會科學專書的生智出版公司給予作者提醒，建議是否可將歷年來大陸政策的分析加以擴充內容再整理成書。於是一方面是因應現實環境的需求，另方面也是覺得自己一直有撰寫完整大陸政策的計畫，於是《當代大陸政策》一書的構想便開始孕育。

　　撰寫過程裡，最難處理是台北日新月異，變化萬端的政策調整。爲了使得民進黨政府剛出爐的大陸政策內容也能適當的加入書中，往往在資料補充方面就疲於奔命。因此，匆促出書，錯誤難免，我誠摯的希望學術界的先進能給予強力指正，並希望這本書的即時出版，能在兩岸關係的大陸政策部分提供這個領域相關研究者與有興趣者一些較新的參考資料。

邵宗海

2003年9月9日書於政治大學

目　錄

「亞太研究系列」總序　i

自　序　v

第一章　大陸政策之歷史回顧　1

第一節　早期大陸政策的雛形　3

第二節　開放兩岸交流之後的大陸政策　6

第三節　政黨輪替之後　9

第二章　國民黨時期的大陸政策　17

第一節　國民黨大陸政策內涵　19

第二節　台北大陸政策與策略　40

第三章　陳水扁大陸政策的實質內涵　57

第一節　陳水扁大陸政策——四篇談話稿的解析　59

第二節　陳水扁的大陸政策——民主、對等、和平原則
　　　　是處理兩岸關係的主軸　71

第三節　陳水扁的大陸政策——正面但成效有限的建議　79

第四章　陳水扁「一邊一國」主張的分析　107

第一節　陳水扁「一邊一國」主張的動機分析　109

第二節　陳水扁「一邊一國」主張的內容分析　115

　　第三節　兩岸與美國對「一邊一國」主張的評估　121

第五章　陳水扁大陸政策的策略運作　143

　　第一節　陳水扁大陸政策形成因素　145
　　第二節　陳水扁大陸政策的策略運作　152

第六章　中共當局對陳水扁大陸政策的反應　163

　　第一節　期待階段　165
　　第二節　檢驗階段　170
　　第三節　不耐階段　174
　　第四節　迷惑階段　176
　　第五節　攤牌階段　179

第七章　兩岸關係走向之評估　185

　　第一節　台灣內部因素影響到兩岸關係　187
　　第二節　大陸內部因素影響到兩岸關係　195
　　第三節　現階段兩岸關係評估　212

附件一　2000.05.20　陳水扁總統五二○就職演說──台
　　　　　灣站起來，迎接向上提升的時代　227

附件二　2000.06.20　陳水扁總統六二○記者會內容（節
　　　　　錄）　239

附件三　2000.12.31　陳水扁總統跨世紀談話　251

附件四　2001.05.18　陳水扁總統「五一八電視錄影談話」

（全文）　257

附件五　2001.05.27　陳水扁總統「新五不政策」　265

附件六　2002.05.09　陳水扁總統大膽講話　269

附件七　2003.01.01　陳水扁總統九十二年元旦談話　275

附件八　國家統一綱領　283

附件九　關於「一個中國」的涵義　289

附件十　1996.04.08　李前總統登輝國統會上談話（李六
　　　　　條）　293

附件十一　2002.08.03　陳水扁總統「一邊一國」談話內
　　　　　容　301

第一章

大陸政策之歷史回顧

第一節　早期大陸政策的雛形

　　在1987年台北當局正式同意居住在台灣地區的居民可以合法地前往中國大陸探親，進而展開兩岸熱烈交流之前，中華民國政府是否已有制定對彼岸採取一套完善的政策與回應措施，應該會有不同看法的爭議。

　　爭議中最重要的焦點，便是台北當局在正式開放探親之前，有沒有那麼強烈需求的背景，需要政府必須訂定法律條文，制定法案，以及採取一連串措施來因應當時兩岸仍處於隔絕與對立的情況？就廣義來說，自1949年（民國38年）之後，兩岸互不往來，幾乎不曾產生任何互動的前例，當然就談不上所謂「政策制定」的需要性。不過，就狹義來說，中共自政府遷台之後，就不曾歇斷的對台灣採軍事用武，或統戰干擾，台北為了因應這些持續不停的挑戰，當然會有其應有的原則與立場宣示。如果這樣的宣示也可視作是政策因應的制定，那麼1987年之前，中華民國政府基本上仍有大陸政策的痕跡。

　　台灣大學蔡政文教授與東吳大學林嘉誠合著的《台海兩岸政治關係》一書裡，是將1987年之前的國府大陸政策，分成二個時期來說明：

　　時期一，1949年中華民國遷往台灣，到1978年中共與美國正式建立外交關係為止，這段期間的政策又可分三個階段

來說明：

❖ 1950年到1961年，政府由於遷台不久，與中共不共戴
天，矢志消滅中共政權。

❖ 1961年到1971年，本質上政策延續前一時期，對於中
共政權仍然口誅筆伐，尤其是共產體制與文化大革
命，不過由於國際體系改為和平競賽，武力反攻可能
性降低，強調政治反攻，結合大陸反共力量內外結
合。

❖ 1971年到1978年，由於內外客觀環境變化甚大，除了
繼續禁止民眾與中共政權接觸之外，並批駁國際姑息
逆流，要求全民團結處變不驚，指出中共內鬥不停，
正義終必戰勝邪惡，反共復國決心絕不可動搖。

時期二，1979年中共發布人代會「告台灣同胞書」，到
1987年中華民國政府同意開放大陸探親止，綜合此一階段中
華民國對中國大陸的政策，與前一時期有甚大改變，究其原
因在於國內外條件均已變化。政府改以三民主義統一中國代
替反共復國，也不言及武力反攻，改以三民主義的政治反
攻。在民意的要求，以及基於人道考慮之下，兩岸民族打破
隔離，開始局部交流。[1]

但是，以時期來區分固然可將1987年之前的國府大陸政
策分成幾個階段來說明，不過也難清楚分際大陸政策推動的
進程。基本上在此之前中華民國政府對彼岸之措施，是不認
同或不承認對方合理合法的存在為前提，所以對中共當局的
政策處理，也就沒有需要一定合理的程序，因此若將1987年

之後對大陸所採行的措施必須經過立法過程或受到國會監督，並有專責機構在負責推動執行的經驗來比較，就會清晰的感受到1987年之前的「大陸政策」，與其說是政策，還不如說是一些原則、立場與政治口號的宣示而已。

最具體說明這些現象的，是1949年政府遷台之後，對大陸採取了「反共抗俄，復國必成」或「反攻大陸」的立場，對國際社會則堅持了「漢賊不兩立」的原則。這樣的立場與原則至少在官方的文書與聲明裡，幾乎維繫了近四十年的時間，直至台北宣布大陸探親措施開放之後始有鬆動現象。

不過，在對大陸所採的政治立場方面，這個期間內還是有所變化，譬如說，抗俄的立場在稍後政府宣導的口號中逐漸褪色，所宣示的口號就變成了「反共必勝，建國必成」。而後，當感到武力來完成反攻大陸的目標有其不切實際的奢望時，先總統　蔣公又另行倡導「七分政治，三分軍事」來振奮士氣，這樣政治重於軍事的反攻大陸論，遂在1960年代末期開始取代往昔軍事完成復國任務的認知。到了1980年代初期，台北再喊出「三民主義統一中國」的主張，期許以意識型態之爭來取代以往的武力抗衡之爭，但是要完成反攻復國神聖目標的立場則是始終沒有動搖過。

至於對國際社會所採取的原則「漢賊不兩立」，在動員戡亂時期宣告終止之前，中華民國政府倒是自始至終堅守這樣的立場。即使1971年退出聯合國之後，台北還是維持不變的主張，任何一個有邦交的國家，只要與北京建立起外交關係，台北隨即斷絕與其正常往來，至於其他與北京有邦交的國家，有意外交承認台北，對中華民國來說，如果沒有與北

京斷絕邦交在先，則絕不會與其全面建立外交關係。這種原則的堅持，不僅無從建立兩個中國雙重承認的模式，而且一個中國的原則也就是兩岸各自堅持本身是唯一正統合法中國政府的看法，在過去這段期間也從來不曾被質疑過。

等到1980年代中期，由於中共統戰手法日殷，加上海外親台北的愛國僑社也受到波及，中華民國政府在面臨新環境的衝擊之下，開始展開對北京一波又一波的回應。不過這種回應，基本上仍持消極被動的態度，或者說，是採取一種「水來土掩，兵來將擋」的僵化手法。譬如當時宣示不接觸、不談判、不妥協的「三不原則」，與另一種不通航、不通商、不通郵的「三不政策」，都是以被動或排拒的方式，來因應自1979年之後，中共一連串採取要求「黨對黨談判」，以及三通四流的統戰喊話。這樣的立場，寧可說它是種態度的表明遠超過它是個政策的宣示，竟然也在台灣社會從最初是共鳴的情況到稍後是質疑的現象下，一直維持到目前的階段。

第二節　開放兩岸交流之後的大陸政策

1987年7月15日，台北當局正式解除了長達三十九年的戒嚴令，並以國安法代之。這樣政策上的鬆綁，帶來了許多過去視爲禁忌的兩岸民間接觸，另外也產生了迫切另行立法來規範新現象所帶來的問題。這段期間至少有些兩岸交流的雛型已經開始形成，譬如在國人赴港澳觀光的限制解除後，

已有國人順道前往中國大陸探親，部分大陸出版品及大陸圖案文物錄影帶擬在台灣出售；以及經濟部同意兩岸可進行間接貿易，大陸的產品與原料部分也被允許進口。

　　自此以後，兩岸關係開始進入一個新的階段，而大陸政策制定也益見有其需求性。自1987年起，我們可以見到一些重大的政策宣告，導致了大陸政策的不斷增強與補充，下面便是三個重要的過程敘述：

　　首先是1987年7月2日，中華民國政府正式宣告開放大陸探親，接著便展開一連串有關大陸政策的制定機構與法案依循之完成。1988年7月，執政的國民黨十三全大會通過「現階段大陸政策」，並在執政黨中央成立「大陸工作指導小組」，行政院則設置「大陸工作會報」，協調處理各部會有關大陸事務，1990年10月，總統府設置「國家統一委員會」，成為國家統一大政方針的諮詢與研究機構。1991年1月，行政院將「大陸工作會報」改組為「大陸委員會」，成為統籌政府大陸工作的專責機構。政府結合民間力量籌設的中介團體——「財團法人海峽交流基金會」正式成立，成為政府唯一授權處理涉及公權力兩岸事務的民間中介團體。

　　另外，同年2月23日，國統會第三次會議通過「國家統一綱領」，使得國家整個未來走向有了目標依據，等到次年1992年9月正式施行「台灣地區與大陸地區人民關係條例」，得以建立起兩岸人民之往來及解決所衍生之各種法律事件的規範。至此，政府主管大陸工作的決策執行體系益臻完備。而陸委會也承認，這是大陸政策的奠基時期。1993年10月，時任陸委會主委黃昆輝曾說：「從兩岸關係發展歷程來看，

可將1991年視爲關鍵轉捩點，之前，兩岸關係處於隔絕與對立，雖有試探交流，仍缺政策方向；1991年國統綱領頒布施行與1992年兩岸關係條例暨施行細則制定施行以後，兩岸關係逐漸呈現了由隔絕走向交流；由對立走向和緩；由紛亂摸索走向制度與理性的發展。」[2]

其次是1991年5月1日台北當局正式終止動員戡亂時期，明確的向北京與國際社會宣布中華民國將排除以武力做爲達成統一的手段；同時也認同中共爲有效統治大陸地區的政治實體。這項政策，依陸委會的評價，「不僅有效降低兩岸軍事衝突的機會，更凸顯中共相關政策不符合兩岸的政治現實與民族道義」。[3]而且，面對兩岸分裂分治的事實，以及避免中共刻意矮化的企圖，台北在1994年7月發表「台海兩岸關係說明書」，也詳細闡釋「一個國家，兩個對等政治實體」的主張，來合理定位兩岸關係。

最後，由於開放人道探親而衍生的兩岸多方的交流，台北當局也積極推動規範法制化工作，除了先後完成「兩岸人民關係條例」與「港澳關係條例」之外，也擬訂了各種文教、經貿交流的管理規章。另外自1993年辜汪會談確定制度化協商管道以來，雖有波折甚至現階段尚在中斷局面，不過在過去一段期間，至少在1995年4月8日李登輝發表李六條之前，按照陸委會的說法：兩岸制度化協商管道的運作尚稱順利，協商亦能按時舉行。[4]

1995年6月李登輝前往美國康乃爾大學訪問，使得兩岸維持多年的協商管道終於中斷。這時候的台北大陸政策，也開始有一種與其之前稍有調正的痕跡，特別是1996年3月台

灣舉行第一次總統普選後，當時得到54％選票支持的李登輝，在就職演講之時，已告知台灣人民「民之所欲，常在我心」，他會全力以赴，達成付託。因此在演說中他是提出「經營大台灣，建立新中原」，並且先確定「中華民國本來就是一個主權獨立國家」，然後說明「海峽兩岸因為歷史因素，而隔海分治，乃是事實」。[5]於是1997年2月新聞局提出「一個分治中國」的說帖，就是依據李登輝的這樣看法而來。再稍後，李登輝的大陸政策觀點更加突出，1999年5月出版的《台灣的主張》一書中他就將台灣定位為「在台灣的中華民國」，認為「在台灣的中華民國」具有國家的主權性，也保持了主權獨立。[6]最後則於1999年7月，在接受德國之聲訪問時，李登輝終於說出「自1991年修憲以來，已將兩岸關係定位在國家與國家，至少是特殊的國與國的關係。」[7]至此，兩岸關係宣告全面破裂。

第三節　政黨輪替之後

　　2000年中華民國總統大選，在台灣曾經執政超過五十年的國民黨輸掉了政權，陳水扁則贏得大選勝利，並把成立只有十四年的民主進步黨推上「執政」的地位。這種「政黨輪替」的民主政治，在西方國家本就視為「普通現象」，但在台灣，由於國民黨長期執政，雖然民眾屢有怨言，但對其仍有依賴之心，一旦政局「變天」，台灣人民還是有不適應症出現。加上民進黨黨綱一向力主台灣應追求獨立建國，因此

「換人做做看」的結果，反而引發了台灣人民最大的隱痛，那就是憂慮「原本已成僵持狀況的兩岸關係」會否因而更加惡化，甚至導致有軍事威脅的危機。

不過，陳水扁當選總統以來的兩岸關係，情勢似乎就如他在2001年5月18日就職一週年電視談話中所言：「回想去年三一八與五二〇之前，台海兩岸的關係曾經高度緊張，詭譎不安，許多人也不看好新政府處理兩岸關係的能力。但是，一年來，儘管對岸從來不願讓新政府得分，但是我們從來沒有失分」。[8] 也有學者型的官員湊合的說，「在去年總統大選期間，許多人認為兩岸關係問題是民進黨及總統候選人陳水扁的罩門，他們沒有能力處理，這種判斷是錯誤的。事實證明一年來，穩定兩岸關係是民進黨政府各項施政中最主要的貢獻之一。儘管兩岸關係沒太大的突破，但也沒有惡化，更沒有退步。各種民調也顯示，兩岸關係問題不再是大家所擔心的事情」。[9] 但是，這樣的說法，台灣內部還是有些人持不同於上述這位學者型官員的看法，不過，在本論文中不予列舉討論。另外他所說的各種民調顯示台灣人民不再擔心兩岸關係問題的看法，從幾份民調顯示，顯然他並沒有正確的告知還是有超過三成以上的比例不滿意或不支持陳水扁的兩岸關係處理方式。[10] 加上北京已多次向台北提出警告，兩岸關係目前仍然處於暗潮洶湧的情況，緊張情勢未獲緩解。[11] 而且，自民進黨執政一年後，大陸便不斷讓軍演消息曝光，而2001年6月上旬在東山島的一項軍事演習，不但被美國國防部形容為中共近年以來規模最大的一次，而且香港媒體直指這項演習主要對象就是台灣本島。[12]

即使等他就職之後接近三年之際，陳水扁還是持這樣觀點。在2003年2月18日在台北接見美國聯邦眾議員訪問團時，對來賓提及未來十五個月兩岸關係問題時，他就信心滿滿地說：「沒有什麼值得擔心的地方，也不會有任何突兀的事件發生」。[13]

　　當然，兩岸關係自民進黨執政以來形式上沒有進一步惡化，至少可在現實狀況中如此解讀。即是有類似東山島的軍演，也被北京當局解釋為中共年度的軍事演習而淡化之。[14]況且在國民黨主政的時代不僅對岸軍演也持續不斷，而且曾經有過1995年與1996年兩次的導彈演習，當時在台海所引起的緊張情勢，也遠超過目前的兩岸現況。但是，對這樣的兩岸關係沒有進一步惡化情勢的解讀，若是認為是扁政府執政團隊的功績，當就有爭議的空間，而且對於政策推展的解說只從消極、被動層面來評估，也有更大置喙的餘地。因此，在討論陳水扁執政之後的兩岸關係走向，當會出現有各種層面的剖析，來研判未來各種發展的可能性。

　　但是，探討現階段的兩岸關係，則必須先從陳水扁的大陸政策解析做起。這原因無它，主要是因為不僅北京與台北當局對阿扁的大陸政策會有不同的看法，即使台灣內部朝野之間也有對他的政策有迥異的解讀，所以，若把陳水扁的大陸政策放在不同的定位去說明，很可能就有相異的結論。因此，若求正確研判未來兩岸關係的走向，就只有深入地解析陳水扁的大陸政策。

　　在本書探討陳水扁大陸政策中，就有三個研究課題需要來推理求證；

1. 陳水扁的大陸政策，根植於他就職之後多次的宣示、談話與聲明，但資料蒐集的不易交集，以及較難彙整，確是解析他政策的困難所在。而且另方面，他的政策內容也往往讓外界有不同的解讀，甚至可以釋出不同的結論，更使得這樣分析之工作倍加困難。所以，如何盡可能正確地解讀陳水扁的大陸政策，讓它得到適當的定位，是本書研究的首先課題。

2. 陳水扁的大陸政策，台灣內部多數評價是「善意」盡出，可是事實結果卻無法收到對岸有同樣「善意」回應的預期效果，甚至北京當局尚認定陳水扁的「獨性」沒變。這種不同角度的觀察所得印象結果的落差竟是如此懸殊，是陳水扁的政策內容模糊導致，還是他的政策最終目標太過於清晰，令人一目了然所致，這項疑點澄清也應是本書探討的目的之一。

3. 兩岸關係在陳水扁就職之後沒有進一步惡化，這樣看法是否會有爭議，是否也反映了部分事實，應是本書探討的另一個重要目的。爭議的部分當是衡量兩岸關係走向的好壞之別，但是檢驗的標竿到底置在哪個時間點與標準線上是個重點，至於事實反映的部分則需要有更詳盡且具說服性的資訊蒐集。

註釋

1 蔡政文、林嘉誠，《台海兩岸政治關係》，台北：國家政策研究資料
　中心，1989年7月15日，頁118-141。

2 黃昆輝，《大陸政策與兩岸關係》，行政院大陸委員會所印行的小
　冊，1991年10月出版，頁2。

3 蕭萬長，《兩岸關係之回顧與前瞻》，1995年4月8日在第三屆國統會
　上第一次會議上所作的報告，頁6-7。

4 同註3，頁8。

5 請參考中華民國第九任總統就職演說全文。

6 李登輝，《台灣的主張》，台北：遠流出版事業股份有限公司，1999
　年5月20日，初版一刷，頁240。

7 「李總統登輝，特殊國與國關係，中華民國政策說明文件」，行政院
　大陸委員會印行出版，1999年8月，頁2。

8 請參閱「總統發表電視錄影談話」，2001年5月18日，網址
　http://www.president.gov.tw

9 吳安家，「陳總統的中國大陸政策觀：理想主義與現實主義的結
　合」，作者以北美事務協調委員會委員身分於2001年6月2日在美國
　「俄州華人學術工商聯會」上演講之內容。

10 有關民調數字與吳安家的結論有所不同的是：

　（1）首先以《中國時報》2000年12月31日所發表的「年度國民意向
　　　調查」顯示，在兩岸關係來看，只有14%的受訪者覺得台灣與
　　　大陸關係有改善，29%表示沒有什麼變化，33%反而認為兩岸
　　　關係這一年來更加惡化，14%的人表示無法判別。見《中國時
　　　報》，2000年12月31日，2版。

(2) 以《中國時報》在2001年5月9、10、11三日所作民調為例，雖有49%受訪民眾對阿扁處理兩岸關係覺得滿意，但也有33%的民眾表達不滿。詳請參閱，《中國時報》，2001年5月17日，4版。

(3) 國民黨政策會於2001年5月15日及16日所作之民調，針對十四項施政項目進行調查，其中對大陸政策不滿意者為54.12%，請見《中國時報》，2001年5月21日，4版。

(4) 山水民調在2001年5月18及19日所作的民調，有49%支持陳水扁有關兩岸事務的處理方式，但也有31%的民眾表達不同看法，《中國時報》，2001年5月21日，4版。

11 中共國台辦主任陳雲林於2001年5月23日會見來自台灣的章孝嚴、許信良等人時，對於陳水扁強調就任一年以來的「兩岸關係穩定」說法予以反駁，他並主動引用呂秀蓮的看法，認為她說現在兩岸關係仍處於暗潮洶湧情況的觀點他非常同意，陳並說：「呂秀蓮女士的講話他大部分都不會同意，但這句話他同意」。請見《聯合報》記者王玉燕發自北京的報導。《聯合報》，2001年5月24日，13版。而同一天，中共新華社也發表署名「邱海」的文章指稱，台灣當局領導人「把兩岸對話與商談推向遙遙無期」，對於陳水扁上台一年來的首要政績為穩定兩岸，文章予以強烈抨擊，並說一年來，台灣領導人在實際作為上延續李登輝的分裂路線，兩岸關係持續陷於僵局，緊張情勢未獲緩解，且隱藏更大危機。請見《聯合報》，2001年5月24日，13版。另外，大陸社科院台研所所發表「二〇〇〇年台灣研究年度報告」亦指出，兩岸仍會在是否堅持「一中」原則，追求統一或台獨的尖銳和激烈鬥爭，「短期內要打破兩岸政治僵局不容樂觀」。有關本文更詳盡報導請見張聖岱，「大陸社科院台研

所年度報告：台灣經濟將不可避免『大陸化』和『邊緣化』」,《聯合報》,2001年6月2日,13版。

12 美國《華盛頓郵報》2001年6月5日引述美國國防部發言人奎格利的話說,東山島的演習是中共近年來規模最大的演習,請見《聯合報》,2001年6月6日,13版。而香港《文匯報》在2001年6月4日在頭版半版報導共軍東山島演習消息時,更是聲稱此次演習內容以空優下的搶灘登陸為主,主要是針對台灣本島。請見《聯合報》大陸新聞中心香港報導,2001年6月5日,13版。

13 請查總統府網站,http://www.president.gov.tw/php-bim/prez/shownews.php4。

14 中共外交部2001年6月5日強調,共軍在東山島演習,是「年度正常例行性」訓練,也是主權範圍內的例行演習,是要提高部隊訓練與作戰水準。發言人孫玉璽在外交部記者會上強力辯清外界傳言是針對美國和台灣,請見《聯合報》,2001年6月6日。

第二章

國民黨時期的大陸政策

第一節　國民黨大陸政策內涵

　　國民黨時期政府的大陸政策到底記載在什麼文獻上，它的具體內涵又是表達些什麼，可能沒有多少人能將這個答案解說得非常清楚。若再要求把兩岸關係的具體內容逐一敘述，恐怕能列出的項目也都會有所疏漏。若就政府發布過的公報或法案而言，的確在文獻上沒有所謂的「大陸政策」的成品，即使行政院陸委會出版的官方刊物而言，有黃昆輝著的《大陸政策與兩岸關係》與《國統綱領的要旨與內涵》，馬英九著的《兩岸關係的回顧與前瞻》，以及高孔廉著的《國統綱領與兩岸關係》，但是沒有一本只命名為「大陸政策」的書，當然更找不到以具體條文列載的「大陸政策」手冊。

　　沒有一本命名「大陸政策」的官方刊物，但是我們又經常聽到社會與輿論在批評大陸政策，那麼國民黨時期的大陸政策到底它的含意及範圍在那裡？其實，上面列舉這幾本陸委會決策官員所撰寫的論述，加上當時總統府與行政院對兩岸關係的發展賦予指針與期許，如1995年的「李六點」或行政院施政報告有關兩岸關係部分，廣義的來說，它們都可說得上是政府大陸政策的主張。不過，狹義來說，國民黨的「大陸政策」應是一個綱領，一個意涵，以及兩個原則組合而成。1994年7月行政院公布的「台海兩岸關係說明書」，1995年「李六條」以及1999年的「特殊國與國關係」主張應該也可以再涵括進來。

一、國統綱領

1991年2月23日由國統會通過，嗣於3月14日經行政院院會通過實施的「國家統一綱領」(內容請見本書附件八)，應是政府大陸政策最重要的文獻部分。

而陸委會主任委員黃昆輝亦稱「國統綱領」為大陸政策的大政方針，同時在現階段大陸政策的努力方向裡，特別強調以「國統綱領」為藍本，來開創中國歷史新頁。[1]

另外，曾任陸委會副主委的馬英九，在其最早出版的《兩岸關係的回顧與展望》一書中，亦曾提及「大陸政策的本質就是國家統一政策」。而主張統一為最終目標的國統綱領，不僅符合了馬英九的說辭，而且也被認為是「大陸政策的最高指導原則。」[2]

一位鑽研大陸政策的學者曾經對「大陸政策」作過名辭界定，她說：「大陸政策的本質乃是國家統一政策，其最終目標是在自由、民主、均富的原則下完成中國的統一……。我國的大陸政策係以國統綱領為藍本所作的規劃。」[3]她的說辭相當接近於陸委會的看法。因此若謂「國統綱領」就是大陸政策的重要內涵與原則指導，應該不會引出太大的爭議。

至於「國統綱領」的內容，根據黃昆輝的《大陸政策與兩岸關係》一書中闡述「國統綱領」要旨，總共列舉四點：

❖堅持一個中國，謀求中國的統一。
❖堅持和平統一，反對使用武力。

❖以尊重台灣地區人民的權益為統一的前提。

❖和平統一有進程，分階段而無時間表。

另外，對「國統綱領」的內涵，黃昆輝也從統一進程的規劃中提出三點：

❖近程——交流互惠階段。希望達到「在互惠中不否定對方為政治實體」；「擴大兩岸民間交流」；「大陸積極推動經濟改革、開放輿論、實行民主法治」；「和平方式解決爭端」。

❖中程——互信合作階段。希望達到「兩岸建立對等的官方溝通管道」；「開放兩岸直接通郵、通航、通商」；「兩岸協力互助，參與國際組織與活動」；「兩岸高層人士互訪，以創造有利協商統一的條件」。

❖協商統一階段。主張成立兩岸統一協商機構，「共商統一大業，研訂憲政體制，以建立民主、自由、均富的中國。」[4]

當然，北京當局不會對國統綱領給予高度評價。代表官方看法的《人民日報》，曾透過署名觀察員的一篇評論文章，直指「國統綱領」顯示「台灣當局仍然未能放棄所謂『三民主義統一中國』的『目標』」。[5]

而在香港為中共宣傳喉舌的《文匯報》，則指「綱領」所揭示的「建立民主、自由、均富的中國」目標，就是企圖顛覆社會主義，復甦資本主義。[6]

在台灣，在野的民進黨也有負面看法，曾擔任該黨政策

設計研究中心主任的陳忠信，對「綱領」看法是：「仍深深被『法統』、『一個中國』這類舊時代的殘遺所束縛。」[7]

不過，不同立場的人士對「綱領」也有正面看法。譬如民進黨中對兩岸關係有深入研究的陳忠信也承認「國統綱領」有許多務實的觀點已被提出來。[8]

而大陸學者任品生則說「綱領」中對一些問題的提法上，避免刺激中共，增進雙方共識，緩和兩岸關係，促進兩岸關係繼續向前發展是有利的，對此他表示讚賞。[9]

不過，任品生也提出了「國統綱領」對統一有另外消極性一面的看法。在他發表的一篇論文裡，任直接點出「國統綱領」的基本內容對國家統一和兩岸關係具有明顯的消極性。他認爲「綱領」對國家和平統一，乃至於對直接「三通」、雙向交流等這樣對雙方都有利的問題上，提出諸多先決條件，預設種種障礙，顯然與台灣當局口頭上宣稱的統一目標相悖。[10]

同樣在台灣也對「國統綱領」積極性覺得質疑的是台大教授明居正，他認爲「綱領」固以統一爲重要目標，但是卻未將其絕對化而視爲最高目標。[11]

但是，黃昆輝也有從政府立場的觀點來看這樣的問題。他說：「國家統一是我們追求的目標，但是，我們有更高一層的理想，那就是經由國家統一過程的妥善規劃與推動，兩岸人民的福祉也隨之提高。換言之，兩岸的統一在此只是手段，增進兩岸人民福祉才是目的。」[12]

雖然，這段引述是一組非常謹愼的文字寫作，但也顯示出幾點陸委會與外界看法的落差：（1）統一過程的妥善規

劃與推動襯托了過去幾年大陸政策的保守與緩進，會否因而引起主張快速步伐者的不滿。（2）提高兩岸人民的福祉是個崇高理想，但想在很短時間內提升對岸人民生活的品質，拉近兩岸之差距，顯有其現實上的不可能，是否這也導致了批評者認為政府有意在統一路上設置路障。（3）兩岸統一在此變成是「手段」，會不會讓對統一論充滿神聖使命的支持者認為政府在這方面缺乏誠意。

不管如何，「國統綱領」作為現階段政府大陸政策的最高指導原則應毋庸置疑，其追求國家最後統一的目標也見確立，目前所存在的質疑與批評可能是在執行的過程中，有政府與民間在不同角度下產生的不同看法。因此，若能再把陸委會推動國統綱領的近程目標與四項原則再予補述，可望有進一步補充說明的作用。

1.大陸政策的近程目標[13]

    （1）兩岸摒除敵對狀態。

    （2）建立交流秩序，制定交流規範，設立中介機構。

    （3）逐步放寬限制，擴大民間交流。

    （4）互不否定對方為政治實體。

    （5）在一個中國原則下，於國際間相互尊重，互不排斥。

2.大陸政策的推行原則[14]

    （1）兩岸責任共同體之原則：國統綱領主張，大陸與台灣均是中國的領土，促進國家的統一，應

是中國人共同的責任。換言之，國家統一的工作，是兩岸共同的責任，任何一方都無法推諉。

（2）全民福祉為依歸之原則：國統綱領主張，中國的統一，應以全民的福祉為依歸，而不是黨派之爭。此一原則，除充分表達國家統一應以提升全民福祉為最終考量。換言之，黨派利益在國家統一過程中，不應加以凸顯，更不可以置於全民福祉之上。

（3）文化、人權、民主、法治之原則：國統綱領主張，中國的統一，應以發揮中華文化，維護人性尊嚴，保障基本人權，實踐民主法治為宗旨。此項原則，勾勒出邁向國家統一過程中，兩岸應依循之方向；也指出統一後中國的社會制度與人民生活。

（4）理性、和平、對等、互惠之原則：國統綱領主張，中國的統一，其時機與方式，首應尊重台灣地區人民的權益並維護其安全與福祉，在理性、和平、對等、互惠的原則下，分階段逐步達成。此項原則旨在強調，國家統一不是透過吞併，或訴諸武力，而是在相互對等，相互尊重，相互受惠的前提下，創造統一的有利環境，逐步完成統一的目標。

二、一個中國的意涵

中華民國政府的大陸政策裡，一個中國的原則是確立的，至少在國統綱領的近程階段第四項中，就有一段話，將這樣的原則顯示出來：「在一個中國的原則下，以和平方式解決一切爭端，在國際間相互尊重、互不排斥，以利進入互信合作階段。」

黃昆輝也在其書中提及國統綱領要旨第一項時，就說明「國統綱領強調一個中國的原則及大陸及台灣均是中國的領土，這表示中國只有一個，但中共政權並不等於中國。」[15]

但是，自從1988年1月李登輝接任中華民國總統職務之後，由於是第一位本省籍人士出任國家元首，難免導致海峽兩岸部分人士對他堅持「一個中國」政策決心的懷疑。再加上1989年3月李總統訪問新加坡時接受了「來自台灣的李登輝總統」的稱呼，以及1989年5月亞銀年會我方代表團對中共「元首」與旗歌起立致敬，導致有「兩國兩府」的誤認，更加深了台北對「一個中國」政策是否有需要堅持的爭議。

在民間，由於外交上長期的挫折，也引起了很多民眾對「一個中國」政策的質疑。1992年8月22日南韓與中共正式建交事件，與1993年「加入聯合國」運動，都有對「一個中國」政策提出強力挑戰。而外交上的不如意，也讓在野黨找到了攻擊執政黨的合理藉口，特別是對大陸政策的措施，譬如一個中國原則堅持，更振振有辭的提出了批評。時任民進黨主席許信良就認為：「台灣必須在領土範圍與國土問題上有明

確的定義。這不只是為了使台灣的外交關係有所突破,同時也要使台灣與中國之間的關係有所釐清。」[16]

實際上,一個中國的原則爭議不僅產生在外交上的挫折裡,也醞釀在兩岸事務性的談判裡。1992年3月海基會與海協會在第一階段商討兩岸文書查證使用及間接掛號查詢補償的問題時,就引發了一個中國,誰是代表中國的爭議問題。而兩岸這樣的爭執也讓台北當局開始審慎「一個中國」原則的堅持必要。譬如李登輝在國統會第七次委員會會議中就明白指出:「中共目前對兩岸事務性談判策略是要加入『一個中國』的前提,我們應謹慎因應,不要掉進圈套。」[17]而也有部分國統會研究委員,贊同李登輝之看法,認為不宜將「一個中國」原則納入兩岸事務性談判之協定文字中。[18]

不過,執政黨內部有強力多數支持一個中國原則的成員表示反彈;加上台灣內部環境亦有政府維持「一個中國」政策的需要;譬如說在內部因有「一個中國」政策維持可遏阻台獨主張的擴展;在外部亦因「一個中國」主張可減緩對岸的疑慮。所以,台大教授包宗和曾建議,在政策上執著「一個中國」的原則……以強化台海兩岸賽局的無限性,也藉以防止中共改採激烈的對抗手段,造成台海情勢的緊張。[19]也因此,台北當局對於這樣的原則仍然堅持使用並重複聲明,可從下列幾個例子裡尋到明顯痕跡:

亞銀事件後,李登輝為澄清外界的疑惑,於接受日本讀賣新聞訪問時,再度重申「一個中國原則」不變的立場。[20]

1990年雙十節,李登輝在國慶文告中,以罕見的強烈用辭重申立場。他說:「中國只有一個,應當統一,也必將統

一。」[21]

　　而在郝柏村擔任行政院長時期，面對立法院紛紛質疑政府「一個中國」政策時，更力主這項政策不容質疑。[22]

　　到了1992年8月，爲了徹底解決因兩岸事務性談判所衍生的「一個中國」原則困擾，國統會第八次全體委員會議，就對「一個中國」的意涵作成三點結論：

❖ 海峽兩岸堅持「一個中國」之原則，但雙方所賦予之涵義有所不同。中共當局認爲「一個中國」即爲「中華人民共和國」，將來統一後，台灣將成爲其轄下的一個「特別行政區」。我方則認爲「一個中國」應指1912年成立至今之中華民國，其主權及於整個中國，但目前之治權，則僅及台澎金馬。台灣固爲中國之一部分，但大陸亦爲中國之一部分。

❖ 1949年起，中國處於暫時分裂之狀態，由兩個政治實體，分治海峽兩岸，乃爲客觀之事實，任何謀求統一之主張，不能忽視此一事實的存在。

❖ 中華民國政府爲求民族之發展、國家之富強與人民之福祉，已訂定「國家統一綱領」，積極謀取共識，開展統一步伐；深盼大陸當局，亦能實事求是，以務實的態度捐棄成見，共同合作，爲建立自由民主均富的一個中國而貢獻智慧與力量。[23]

　　從國統會愼重處理「一個中國」原則，並將「一個中國」意涵詮釋清楚，很顯明的就是提供政府在制定或執行大陸政策時，或者說在處理兩岸事務性談判時，有個遵循的原則。

也因此一個中國的意涵，實際上就是大陸政策的一部分。

即使在1993年11月在美國西雅圖舉行的亞太經濟會議（APEC）中，代表台北與會的財政部長江丙坤曾提出了「以一個中國為指向的階段性兩個中國政策」的主張。不過，由於涉及層面太過於複雜而且敏感，台北方面立即迅速地發表聲明強調：「政府追求一個中國的堅定立場從未改變。」[24]

但是到了1994年7月台北當局公布了「台海兩岸關係說明書」之後，有關「一個中國」之政策雖然堅持，但是一個中國是指歷史上、地理上、文化上、血緣上的中國，已與國統會所作成的解釋有相當程度的差距。[25]

1997年2月中共領導人鄧小平去世，台北為了因應鄧後兩岸情勢，特由行政院新聞局向國內外發表說帖，以「一個分治的中國」取代過去慣稱的「一個中國」，稍後政府談話口徑就趨向一致，均表示要尊重兩岸現況是一個分治中國的事實，而最具代表性的一次談話，是同年的9月1日，李登輝總統在一場公開演說中，盼望中共能務實面對「一個分治中國」的現實。[26]

三、二項「三不原則」

一般我們所謂的「三不原則」，是有兩種不同的意涵，在與大陸官方關係建立的層面上，台北目前採取的原則是「不談判」、「不接觸」、「不妥協」；在面對北京當局多次呼應全面開放三通四流之時，台北則不為所動地堅持「不通航、不通商、不通郵」的原則。

在與大陸官方關係維持「不接觸、不談判、不妥協」原則方面，台北當局的立場倒是始終一貫，蔣經國時代如此，李登輝接任總統職務之後也沒有改變跡象。至少官方的聲明裡，「三不政策」是不變的：1998年3月，行政院院長俞國華表示，因中共迄今未放棄犯台野心，因此三不政策仍需堅持。6月間，李登輝表示「三不政策」不會改變，但將靈活出擊。到了8月，曾有傳言中共領導當局透過紐約大學教授熊玠向政府表示希望台海雙方能談判籌組聯合政府與商訂新憲法，政府發言人重申不與中共妥協、談判和接觸的堅定立場。[27]

　　但是自1987年11月開放大陸人道探親之後，兩岸民間往來日趨頻繁，同時由於兩岸人民直接接觸，進而衍生出財產繼承、婚姻關係、文書驗證、經貿投資等問題。這一切本需海峽兩岸的統治當局出面來處理，但是後來逐漸演變成雙方各自成立海基會與海協會的民間機構來談判。就台北來說，這種改變是「為了因應現實需要及貫徹現階段政府不與中共官方作政治性接觸的立場，政府乃決定結合民間力量成立中介團體。」[28]實際上，一言以蔽之，就是三不原則當時仍然堅持在政府所執行的大陸政策內涵裡。

　　不過，兩岸的官方接觸並非只是迴避或透過中介團體運作就可避免的。1989年5月財政部長郭婉容，率領中華民國代表團前往北京參加亞洲開發銀行的年會時，就產生了與三不原則抵觸的經驗。儘管官方一再澄清政府的三不政策並未有所動搖，但是海峽兩岸的財經官員的直接接觸卻是不爭的事實。

　　而且，時任陸委會黃昆輝主委也承認，在近程階段的兩岸關係因是民間交流性質，所以仍維持「三不」的政府立場。但是到了中程階段時，雙方將建立對等的官方溝通管道，這將使兩岸關係從民間交流進入官方接觸。[29]這也說明了，所謂「不接觸、不談判、不妥協」的三不原則在現階段的維持只是暫時性，一旦進入中程官方接觸階段，那麼這項原則的適用性也就消失。

　　那麼，官方堅持這三不原則是否僅認爲是因爲當時只是民間交流而有如此立場呢？實際上，三不的堅持，多少與國統綱領近程階段對中共要求善意回應，而未能得到積極回應有關，當然也與「三通」未作全面開放有關。

　　從國統綱領來看，海峽兩岸要進入中程階段的官方接觸，必須要北京先履行近程階段的三項善意回應條件：那就是對台北不否定爲政治實體，不杯葛外交空間以及不使用武力。這方面說明非常清楚，即中共無法做到這三項要求，那麼台北官方的「三不原則」是不會放棄的。

　　但是與三通有什麼關係呢？黃昆輝對此有具官方代表性的說法：「中共向以三通爲當務之急，我們並不拒絕三通，但將三通置於中程階段，這是兩岸雙方的歧異之處。如果純從經濟上考慮，三通是可以提前；惟如從政治上及安全上考慮，在近程民間交流階段，沒有獲得中共當局的善意回應，是絕對不能考慮的。因爲三通必須涉及官方接觸，對等政府之間的談判。如果「不否定對方爲政治實體」等前提突破不了，何來接觸與談判呢？」[30]

　　因此，由前面的敘述我們可以得知，「不接觸、不談

判、不妥協」的原則是近程階段的政策。一旦北京履行了近程階段的善意條件，那麼國統綱領便可進入中程階段。那時候不僅官方接觸的實施迫使台北必須放棄「三不原則」，而且在目前極力主張的「不通航、不通商、不通郵」的原則也因進入中程兩岸三通的階段而宣告終止。因此，就原則的性質來說，所謂官方的「三不原則」，只是在未進入官方接觸之前，不得不如此堅持的權宜性政策，而三通的「三不原則」更是逼使中共非要回應善意條件的籌碼政策。

　　當三通的拒絕只是台北當局運用來作一項從國統綱領近程走入中程的籌碼時，實際上對「三通」本身已沒有所謂的價值判斷可言。這也就是說，有人批評政府目前不開放三通是不利於人民，也不應將此作為兩岸談判之籌碼時，它的批評對象是政府政策。[31]而政府向民眾直陳的三通或者直接通航之不宜時，只提及到安全考量與中共善意的問題，[32]二者均未對「三通」本身的是非優劣作一判斷。所以，「三通」本身根本沒有所謂好不好的問題，爭執的重點只是立即開放，還是在有條件下的開放。事實上，早有論述指出：由中國大陸直接撥國際電話可以直通台北，行駛海峽兩岸的客貨輪，本來一律必須經第三地區轉航，客人須換船，貨輪須下貨，稍後已放寬為貨輪不必下貨，至於逕自行駛兩岸的貨輪，雖然法所禁止，據悉，此種情事並非少見。兩岸通郵問題，雖然透過第三國或地區轉寄，可是國人可以直接在國內投寄，大陸地區的來函約十日之內也可到達台灣。[33]這不就顯示「三通」實際上已通，只是形式上未通而已。不過，三不原則的維持仍是政府當前的政策。

四、台海兩岸關係說明書

　　台北當局於1994年7月4日至5日舉行了大陸工作會議，並於會議結束之際公布一部大陸政策白皮書，正式名稱是「台海兩岸關係說明書」，這是中華民國政府自開放兩岸民間交流以來，依照「國家統一綱領」的規劃所發布內容較為完整的兩岸關係政策性文件。這部白皮書主要是說明「中華民國政府認為有必要將兩岸關係作一詳盡說明，期便海內外人士深入了解我政府對國家統一這個問題的思考方向、立場與作法，進而貢獻智慧，群策群力，共同為建立民主、自由、均富的中國而努力。」[34]

　　在這部白皮書中，有關於大陸政策最顯著的幾項原則，確立如下：

❖對於中共當局的定位，引用1990年6月，「國是會議」的建議，則界定為「對抗性的競爭政權」，而且在動員戡亂時期臨時條款廢止之後，在憲政層次上，也不再將中共視為叛亂組織。

❖對於兩岸關係處理的原則，除以理性、和平、對等、互惠等項之外，「確定了中華民國政府正式而且率先片面放棄以武力方式追求國家統一」，而且「中華民國政府不再在國際上與中共競爭『中國代表權』」。

❖對於一個中國的政策，中華民國政府認為「中國只有一個」、「台灣與大陸都是中國的一部分」，但「一個

中國」是指歷史上、地理上、文化上、血緣上的中國，而「中共不等於中國」，在中國尚未達成最後統一以前，兩岸既處於分治局面，理應各自有平行參與國際社會的權利，所以引用「國統綱領」提出「一個中國，兩個對等實體」的架構來定位兩岸關係。

❖中華民國政府不接受「一國兩制」的主張。[35]

五、李六條

李登輝在1995年4月8日以兼國家統一委員會主任委員身分，主持國統會改組後的第一次會議，並在會議討論議程後發表談話，其中為針對兩岸現階段情勢，並為建立兩岸正常關係，他提出六點主張：[36]

1. 在兩岸分治的現實上追求中國統一

   民國38年以來，台灣與大陸分別由兩個互不隸屬的政治實體治理，形成了海峽兩岸分裂分治的局面，也才有國家統一的問題。因此，要解決統一問題，就不能不實事求是，尊重歷史，在兩岸分治的現實上探尋國家統一的可行方式。只有客觀對待這個現實，兩岸才能對於「一個中國」的意涵，儘快獲得較多共識。

2. 中華文化為基礎，加強兩岸交流

   博大精深的中華文化，是全體中國人的共同驕傲和精神支柱。我們歷來以維護及發揚固有文化為職志，也主張以文化作為兩岸交流的基礎，提升共存共榮的民

族情感，培養相互珍惜的兄弟情懷。在浩瀚的文化領域裡，兩岸應加強各項交流的廣度與深度，並進一步推動資訊、學術、科技、體育等各方面的交流與合作。

3. 增進兩岸經貿往來，發展互利互補關係

面對全球致力發展經濟的潮流，中國人必須互補互利，分享經驗。台灣的經濟發展要把大陸列為腹地，而大陸的經濟發展則應以台灣作為借鑑。我們願意提供技術與經驗，協助改善大陸農業，造福廣大農民；同時也要以既有的投資與貿易為基礎，繼續協助大陸繁榮經濟，提升生活水準。至於兩岸商務與航運往來，由於涉及的問題相當複雜，有關部門必須多方探討，預作規劃。在時機與條件成熟時，兩岸人士並可就此進行溝通，以便透徹了解問題和交換意見。

4. 兩岸平等參與國際組織，雙方領導人藉此自然見面

本人曾經多次表示，兩岸領導人在國際場合自然見面，可以緩和兩岸的政治對立，營造和諧的交往氣氛。目前，兩岸共同參與若干重要的國際經濟及體育組織，雙方領導人若能藉出席會議之便自然見面，必然有助於化解兩岸的敵意，培養彼此的互信，為未來的共商合作奠定基礎。我們相信，兩岸平等參與國際組織的情形愈多，愈有利於雙方關係發展及和平統一進程，並且可以向世人展現兩岸中國人不受政治分歧影響，仍能攜手共為國際社會奉獻的氣度，創造中華民族揚眉吐氣的新時代。

5.兩岸均應堅持以和平方式解決一切爭端

炎黃子孫須先互示眞誠，不再骨肉相殘。我們不願看到中國人再受內戰之苦，希望化干戈爲玉帛。因此，於1991年宣布終止動員戡亂，確認兩岸分治的事實，不再對大陸使用武力。遺憾的是，四年來，中共當局一直未能宣布放棄對台澎金馬使用武力，致使敵對狀態持續至今。我們認爲，大陸當局應表現善意，聲明放棄對台澎金馬使用武力，不再做出任何引人疑慮的軍事行動，從而爲兩岸正式談判結束敵對狀態奠定基礎。本人必須強調，以所謂「台獨勢力」或「外國干預」作爲拒不承諾放棄對台用武的理由，是對中華民國立國精神與政策的漠視和歪曲，只會加深兩岸猜忌，阻撓互信；兩岸正式談判結束敵對狀態的成熟度，需要雙方其同用眞心誠意來培養醞釀。目前，我們將由政府有關部門，針對結束敵對狀態的相關議題進行研究規劃，當中共正式宣布放棄對台澎金馬使用武力後，即在最適當的時機，就雙方如何舉行結束敵對狀態的談判，進行預備性協商。

6.兩岸共同維護港澳繁榮，促進港澳民主

香港和澳門是中國固有領土，港澳居民是我們的骨肉兄弟，1997年後的香港和1999年後的澳門情勢，是我們密切關心的問題。中華民國政府一再聲明，將繼續維持與港澳的正常連繫，進一步參與港澳事務，積極服務港澳同胞。維持經濟的繁榮與自由民主的生活方式，是港澳居民的願望，也受到海外華人和世界各國

的關注，更是海峽兩岸無可旁貸的責任。我們希望大
陸當局積極回應港澳居民的要求，集合兩岸之力，與
港澳人士共同規劃維護港澳繁榮與安定。

近百年來，中國歷經重重苦難，始終未能建立自由富裕
的現代化社會。五十年前抗戰勝利，雖然結束了外力入侵，
重現希望的曙光，然而兩岸又告分離。四十餘年來，中華民
國秉承孫中山先生遺志，致力推動民生建設，在經濟上創造
了全球肯定的「台灣經驗」；近年又積極從事憲政改革，實
踐主權在民的民主理念。這一切作為，都在為中華民族的未
來奠定基礎。儘管兩岸長期分隔，但我們向來珍惜與大陸同
胞的手足之情，時時以全中國人民的福祉為念。而未來，我
們也將繼續發揮相互扶持的同胞愛，協助大陸地區在穩定的
局勢中，謀求進一步的發展。我們希望大陸的經濟日益繁
榮，政治走向民主，讓十二億同胞享有自由富裕的生活。本
人堅定地相信，在國際局勢日趨緩和的今天，兩岸分別展開
民權及民生建設，進行和平競賽，是對全中華民族最直接、
最有效的貢獻，不但能謀求中國統一問題的真正解決，並能
使炎黃子孫在世界舞台昂首屹立。這才是民族主義的真諦，
也是面對二十一世紀，兩岸執政者不容推卸的責任。

「李六點」發表之後，台北當局皆以重要政策性文件來
處理，當時擔任陸委會主委蕭萬長在解讀李總統講話時，認
為「李六條」是「一項非常積極、主動、務實、前瞻的大陸
政策」。[37]而1996年1月30日李鵬在紀念「江八點」一週年發
表講話後，台北陸委會更回應說，中共應以「江八點」與

「李六條」爲橋樑務實展開關係。[38]

六、李登輝「特殊兩國論」

　　李登輝在1999年7月於台北接受德國之聲訪問時說，「1991年修憲以來，已將兩岸關係定位在國家與國家，至少是特殊國與國關係。」[39]這種幾近於「兩個國家」論調，當然顛覆了國民黨傳統的大陸政策論調。就當時國民黨政府政策來說，在「兩國論」主張宣示之前，一直堅持中華民國的法統性。就1991年公布的「國統綱領」來說，是將兩岸架構定位在一個中國兩個對等的政治實體。這裡所謂的「一個中國」，根據國統會在1992年界定「一個中國意涵的解釋」裡，就是指向中華民國。至於對中共的定位，只是承認它有效統治了中國大陸，但並沒有給予其明確的內涵，一直以「政治實體」來含糊認定。即使1998年辜汪在上海會晤，對於兩岸中「一個中國」的定義，台北還是以中華民國爲內涵。因此，不管第三者的看法與解釋是如何，政策上認爲中華民國本就是個國家，而且從沒有承認中國大陸也是個國家一直是個事實。

　　僅就李登輝所說「在1991年的修憲後，兩岸關係定位在特殊的國與國關係」這一段定論而言，以及他在訪問中所引用的論據，就會引發不同的觀點和解讀。以下解讀便基於對他引用的論據不同意的看法。

　　首先，李登輝說：「我國並在1991年的修憲，增修條文

第十條（現在十一條）將憲法的地域效力限縮在台灣，並承認中華人民共和國在大陸統治權的合法性」。實際上現行憲法共計一七五條，除少數條文被凍結之外，絕大部分條文仍在總統與人民遵循與有效運作情況下。特別是憲法第四條有關領土範疇之規定，雖歷經四次修憲也從沒修改過或凍結過。如果上述事實是不容置疑的話，那麼憲法的「地域效力」應不能稱限縮在台灣。更何況現行增修條文全部十一條，固為因應統一前需要在自由地區施行，但是它所產生的憲法效力也只是部分。要整個國家憲政正常運作，仍需要憲法本文未被凍結的條文與增修條文一起配套來做。只談增修條文的憲法地域效力，顯見是以偏蓋全。至於說，修憲已承認中華人民共和國在大陸統治權的合法性，恐怕更不符事實。增修條文第十一條有提及「大陸地區」一詞，但恐怕並沒有這樣的暗示性。唯一可說曾承認中共統轄中國大陸合法性的談話，是李登輝本人在1991年4月正式宣告動員戡亂時期終止之時，當時他稱統治中國大陸的中共為「中共當局」或「大陸當局」。[40]

　　其次，李登輝說：「增修條文第一、第四條明定立法院與國民大會民意機關成員僅從台灣人民選出，1992年的憲改更進一步於增修條文第二條規定總統、副總統由台灣人民直接選舉，使所建構出來的國家機關只代表台灣人民，國家權力統治的正當性也只有來自台灣人民的授權。」這段話，李登輝只是敘述了事實，但沒有進一步說明這項事實的法理性背景。在憲法增修條文前言中說得非常清楚，這只是「因應國家統一前之需要」，而且所有憲法原文有關國代與立委產

生的辦法並沒有被廢除，只不過現行增修條文不受限其限制而已。所以民意機關成員僅從台灣人民中選出是「權宜措施」，而非替國家定位的重新規範。至於說，總統、副總統由台灣人民直接選舉，恐也與增修條文原意不符。現行增修條文第二條規定：「總統、副總統由中華民國自由地區全體人民直接選舉之」，此地所謂「自由地區」應不完全與台灣劃上等號（除非台灣不以地名看待），更何況尚有在國外之中華民國自由地區人民可返國行使選舉權。因此，國家權力統治正常性並非只是狹窄來自台灣人民的授權，更明確的說，是來自中華民國自由地區除台灣之外包括金馬、東引、太平島等地人民的授權。

　　從上述可知，中華民國的法律地位在憲法上是明確存在。但是若說修憲中已承認中共合法統治地位，則沒能從憲法增修條文中提出有力依據。至於說若要使李登輝認為兩岸是國與國之間的關係合憲，前提之一就要把增修條文中所有「自由地區」一詞以及其他相關憲法本文條文全部剔除修改，否則今後變成政府高層的政策宣示是「兩國」，而規範國家定位與體制則在「一國」打轉，就會讓人感到頭腳不相對稱？

　　表面上看來，李登輝接受德國之聲訪問，談兩個中國，正好與1990年之前的兩個德國模式相呼應，有向國際社會宣示台北新的立場意味。實際上，李登輝拋出這項主張，又何嘗不是為2000年總統大選建立一個競選主軸，至少在他主導下，所有有意參選的候選人必須被迫要在這個問題上表態，不管每個人的看法如何，只要不脫這個主軸範圍，李登輝就

成為唯一也是最後的勝利者。

　　正因為李登輝的「兩國論」脫離了憲法規範的軌道，也與國民黨傳統大陸政策的精神有違，因此「兩國論」引起了熱烈的辯論，但是最後並沒有因勢導利被修正為國民黨大陸政策的主軸。前陸委會主委蘇起在二次重要記者會中，特別提及「兩國論」不會入憲，也沒有與國統會主張最終國家必然走向統一結果的內涵有所違背，[41]並在2000年總統大選後，隨著國民黨敗選以及李登輝的下台而成為曇花一現。不過稍後2002年8月30日陳水扁提出「一邊一國」主張是否受其影響，則是個值得有興趣探討的題目。

第二節　台北大陸政策與策略

　　仔細檢閱「台海兩岸關係說明書」（此後簡稱說明書）與李登輝六點主張看法，就可以發現這二者的政策取向與傳統的大陸政策內涵是有了調整的痕跡，而且「說明書」的內涵更是替「李六條」建立了很強的政策調整理論基礎。從說明書中提到中國目前居於一種分裂分治的狀態，以及再提到新的「一個中國」意涵定位，幾乎就是「李六條」主張的根本立場。基本上，「說明書」與「李六條」的政策與原則說是一貫相承也並不為過。只不過，「李六條」的主張是為因應「江八點」的呼籲，多少在內涵上加諸了一些「說明書」上事先無法預期到的看法。

一、台北大陸政策的取向

　　因此，探討現階段台北的大陸政策取向，在「說明書」與「李六條」中尋求一些原則性的看法，加上參考其他國民黨時期重要政策文件，可望得到一些非常清晰的脈絡。

　　第一，說明書與「李六條」均說明遵循國統綱領的原則來處理台灣與大陸之間的關係。在說明書裡，非常明確地指出「中華民國政府的大陸政策，依循『國家統一綱領』的規劃，漸進地推動，希望中共當局能積極善意地回應，使兩岸關係能良性互動，爲中國的和平民主統一創造有利的條件。」而「李六條」更是列舉國統綱領的四項原則：（1）大陸與台灣均是中國的領土，促成國家的統一，應是中國人共同的責任；（2）中國的統一，應以全民的福祉爲依歸，而不是黨派之爭；（3）中國的統一，應以發揚中華文化，維護人性尊嚴，保障基本人權，實踐民主政治爲宗旨；（4）中國的統一，其時機與方式，首應尊重台灣地區人民的權益並維護其安全與福祉，在理性、和平、對等、互惠的原則下，分階段逐步達成。當然這四項原則的條文角度重申，就是說明未來與大陸互動關係的推展勢必在這架構與原則下進行。

　　第二，「一個中國」的原則仍被強調，而統一的目標也持續重申，但是一個中國的意涵則有所調整到比較抽象與未來的定位。早先國統會的解釋，一個中國的定位是指1911年創建的中華民國，也延續到1949年撤退來台後的中華民國。

但是在「說明書」裡，一個中國是指歷史上，地理上，文化上，血緣上的中國，與原先的意涵相較，缺少了政治上的定位。「李六條」中沒有再替「一個中國」意涵詮釋，但是對「一個中國」的定位是說明「兩岸需要獲得較多的共識」。到了總統大選後，一個中國更傾向於是指未來的中國。1996年5月海基會董事長辜振甫在紀念辜汪會談三週年時，發表了「回歸到追求一個中國的過程」，更使得一個中國的意涵有了調整的痕跡。[42]

第三，就是由於對「一個中國」意涵有了新的說辭，也因此加強了「說明書」與「李六條」對兩岸分裂分治現實的強調。在「說明書」裡，對這個問題的看法是：「中華民國政府……主張在兩岸分裂分治的歷史和政治現實下，雙方應充分體認各自享有統治權，以及在國際間為並存之兩個國際法人的事實，至於其相互間之關係則為「一個中國」原則下分裂分治的兩區，是屬於『一國內部』或『中國內部』的性質。」「李六條」也提出相似的主張，在建議的第一條就說：「民國38年以來，台灣與大陸分別由兩個互不隸屬的政治實體治理，形成了海峽兩岸分裂分治的局面，也才有國家統一的問題。因此，要解決統一問題，就不能不實事求是，尊重歷史，在兩岸分治的現實上探尋國家統一之可行方式。」

不過，1999年7月李登輝所提出的「特殊兩國論」應也是基於分裂分治現實的觀點。特殊的國與國關係或許要注意「特殊的」所代表意義，如再加上蘇起事後的解釋，認為「只要有對等的地位，我們什麼都可以談。」沒有違背國統

綱領追求國家統一的目標[43]。這樣的看法可說明台北要求「對等」及承認「分治」的觀點。

　　實際上，分裂分治的強調，除了可彌補「一個中國」意涵詮釋上的矛盾，同時也符合國統綱領中要求「對等政治實體」之建議，以及平等參與國際組織的主張。

　　第四，「國統綱領」在近程交流互惠階段裡，有提到「兩岸應摒除敵對狀態，並在一個中國的原則下，以和平方式解決一切爭端」。「說明書」裡更是指出，在1991年4月30日李登輝總統宣告動員戡亂時期終止後，已表示中華民國政府正式而且率先片面放棄以武力方式追求國家統一。而到了李登輝六點主張公布時，其中第五點更是明白的建議：「兩岸均應堅持以和平方式解決一切爭端」。到了1996年5月，李總統在就職演說中更明白說明，「海峽兩岸，都應該正視處理結束敵對狀態這項重大問題，以便爲追求統一的歷史大業，作出關鍵性的貢獻。在未來，只要國家需要，人民支持，登輝願意帶著兩千一百三十萬同胞的共識與意志，訪問中國大陸，從事和平之旅。」[44]也因此可以得到結論：台北的大陸政策是以和平方式，摒除敵對狀態，來達到國家統一的最後目標。

　　第五，「不通航、不通郵、不通商」與「不談判、不接觸、不妥協」的「三不政策」，過去一直是傳統大陸政策的一部分，但是自從海峽兩岸自1987年進行交流以來，儘管在形式上維持著兩岸戴著白手套從事協商的現象，但是雙方官方人士化明爲暗的來往兩岸等地或在國際場合中會晤，已是

比比皆是。加上國統綱領中程已有兩岸政治接觸的安排，顯見「不談判、不接觸、不妥協」的政策已經面臨挑戰。而1996年4月15日陸委會主委張京育曾在主持其到任後第一次委員會議時，就表達兩岸「政策性談話」與「政治性談判」都是無法排除的，接著1996年7月在新加坡訪問接受媒體答詢時說：「兩岸結束敵對狀態談判及簽訂和平協議，不必然是由海基會架構下的人馬進行。更見兩岸未來政治性的接觸與談判已在考量之列。」[45]

至於另一「三不政策」，也已瀕臨必須全盤檢討的時刻，那不僅由於雙方交流的頻繁，特別是高額的探親人潮與龐大的經貿金額，逼使三通必須儘快實現。而且也因為亞太營運中心的創設必須要三通先行為前提。因此台北官方在1996年已開始著手準備可能通航的事宜。交通部長劉兆玄在該年3月11日曾表示，兩岸通航中長程階段的技術準備工作仍在持續進行，而兩岸也已完成境外航運中心的行政作業，只等適當時機即可執行。[46]而中共交通部在1996年8月20日正式發布了「兩岸航運管理辦法」以及對外貿易經濟合作部在8月21日公布的「關於台灣海峽兩岸間貨物運輸代理業管理辦法」，更促使兩岸的通航已成為不可避免的趨勢。

二、台北大陸政策的策略運用

以上所提到是台北大陸政策的取向，顯見與傳統的方向有了一些變動。不過在策略上的運用，更見台北有走出傳統比較僵硬框框的趨勢。在中共採取「文攻武嚇」與「和平喊

話」並用手段之時，台灣不僅可以軟硬兼施，而且也能做到主動出擊，彈性處理兩岸關係的手法，此可從下列幾方面措施來作說明：

第一，面對中共仍然長期杯葛台北在國際社會的參與尋求，加上北京又屢屢提出「一個中國」原則的攤牌性喊話，台北在因應上顯示其有不變的立場但也有彈性的解釋，譬如說，「一個中國」的原則台北固然始終堅持，但是「一個中國」的意涵卻有多次改變的說法，而且在「說明書」裡並特別提出在動員戡亂時期結束之後，台北已放棄與北京在國際間爭奪中國代表權，也因而一個國家兩個政治實體來定位兩岸關係架構，並說明這可建立兩岸平行參與國際社會的模式，就成為台北既不違背「一個中國」立場又可突破中共杯葛參與國際社會最佳的鼓吹主張。至於李登輝的「特殊國與國」關係論調，也正是反映了台北在這方面的企圖性。只不過「特殊兩國論」用詞較具敏感，雖與前述的「一國兩體」有精神上重疊之處，但爭議也多。當然，北京在現階段環境裡不太可能接受台北這樣的看法；不過，在東西德與南北韓先後均有前例的影響下，國際社會是否逐漸會接受這種說法就值得觀察。另外，副總統兼行政院長連戰，在1996年7月8日接見美國聯邦參議員葛蘭姆斯時曾提及兩岸應暫擱置主權爭議的看法，陸委會張京育在報告兩岸關係時刻意不提「分裂」而只說「分治」的字眼，以及稍早在3月26日李登輝接受《華爾街日報》專訪時曾提說：「中華民國的主權及治權目前僅止於台澎金馬地區」。這個說法雖被官方解釋為是「口誤」，但也引起揣測，這是否在策略上更要強化一個抽象

的中國，二個具體「國家」的主張。[47]

　　第二，台灣問題國際化，雖在政策上因面臨中共可能的反彈不可能有其被採用的可行性。但是在策略上，台北還是不斷在運用，期使台灣未來安全的保障，能喚起國際社會的關注。這種「關注」是否與北京所認定的「外力的介入」劃上等號，應還有雙方在順序上認知的差距。在台北來說，台灣必然到了兩岸已經攤牌面臨戰爭一觸即發的時刻，才希望借用國際正義的力量支持，來維護台海地區的和平。而為了達到這樣的目標，台灣問題就必須事先充分的為國際社會所了解；但就北京而言，台北如果先一步借用外力因素而來影響兩岸的現狀，那麼就不排除採用武力來解決的可能。這二者的相異可以明顯看得出來是台北先有危機才期求外力，而北京是先看到台北引進外力才引爆危機。由於對於這樣雞生蛋還是蛋生雞的認知不同，是導致兩岸對這種措施的解釋不同。不過，可以確定的是，台北始終認為在目前遵循「國統綱領」的階段進程推動大陸政策，應該沒有任何可導致中共懷疑有外力介入的藉口。但是，另方面台北也不能完全讓國際社會疏忽台灣目前的確存有遭受中共武力威脅的事實，因此在策略上，讓台灣問題國際化，是比較容易在衝突爆發時引起國際社會的關注。因此，不管強調是一個國家兩個政治實體，有平行參與國際社會的權利，或者推動參與聯合國運動，建議兩岸領導人在國際場合會晤，以及鼓吹東西德的範例，與其說是台北有意誤導兩個中國或一中一台的趨向，還不如說是基於自保念頭而喚起「台灣問題國際化」的策略。

第三，另一種策略在台北目前推動大陸政策之際比較不顯著，但卻是重點所在的就是「以時間換取空間」的概念。

在兩岸自1987年交流至今，台北實際上已得到一種經驗心得：兩岸多年的隔絕導致在社會、文化與經濟上形式的差距，絕不可能在短時間能夠拉近，加上在政治民主化與言論自由化方面，兩岸更見有懸殊的距離。因此，在統一目標已經確定的前提下，台北仍然希望尋求更大迴旋的空間，或者說，更多選擇的環境。解讀這種說法就是台北並不期望在兩岸各方面條件尚未成熟之前，就匆促地進入統一的進程，而且台北也有企圖，希望在未來不僅能生存下來並能主導中國統一的發展。因此，尋求更多的時間來換取更大的空間便成了台北大陸政策中一種策略手段。

檢驗這個說法，我們發覺在早期的三不政策，以及稍後在「國統綱領」近程階段中強調「不否認政治實體，不使用武力以及不杯葛國際空間」的三項先提條件，都是用條件論減緩來自於北京的壓迫感，同時間也用來增進本身生存的籌碼，進而也就凸顯了「時間換取空間」的痕跡。若再加上台北極為重視「不急統，不台獨，維持現狀」的論調，襯以歷來在民調結果佔高比例支持的「維持兩岸現狀」民意，就可以說台灣地區朝野與民眾對現階段大陸政策中需要維持一種「統一步調宜穩重放緩」的想法實具有高度共識。

另方面，如何促使中國大陸經濟自由化與政治民主化，期使在縮短兩岸差距之時，台北也有其某種程度的主導與影響力，這應該是台北大陸政策制定者另一層面的考量。而「國統綱領」以「建立民主、自由、均富的中國」的最終目

標，實際上也就說明了台北的期望。當然在走向最終目標的路途上，台北需要的就是時間，因為只有時間才能證明中國大陸最後必然要放棄社會主義的制度。

第四，與北京當局一樣，台灣在策略上也訴之於民族情感與中華文化。「李六條」所想標榜「中國人幫助中國人」的精神，以及其主張中的第二點：「以中華文化為基礎，加強兩岸交流」的看法，均有其策略運用的企圖：第一，訴諸民族情感，相對共鳴性會較高，進而也會相對減少雙方衝突與磨擦；第二，以文化作為交流內涵，既不易引起政治敏感，而且在兩岸文化背景同質性高的社會裡，很快的就能融合於內，甚至讓對方產生某種的影響或是改變某些的看法也不會有立即顯示的現象。

李登輝曾經宣示過，現行兩岸關係互動最優先的順序是文化交流，而北京也極為重視在文化層次的兩岸互動，在兩岸關係最緊張時刻，如1994年的千島湖事件，與1995年和1996年的中共導彈與軍事演習事件，兩岸的文化交流都沒有中斷，也因此，運用文化包裝進行對彼此質的改變或量的控制，不僅同為兩岸當局所重視，更為台北重要策略手段之一。

第五，台北在大陸政策策略運用最顯著的改變，便是對兩岸情勢採取了「主動出擊」的手法，一反過去傳統上比較保守的作風。這種說法可以用幾個例子來說明：譬如李總統首度提出兩岸高層可在國際場合會晤的建議，[48]以及稍後在第九任總統就職演說裡，李登輝也主動提出，前往中國大陸，從事和平之旅；「李六條」中提出兩岸共同維護港澳繁

榮，促進港澳民主的主張；與近來台北當局倡議兩岸和平協定的簽署等等。這些建議雖不盡然為北京所接受，但卻也見中共對此問題有認真考慮的趨向。

另外，李登輝於第三屆國民大會第一次會議，藉著國是建言答覆的時機，說出了對台灣、對大陸的投資要訂比例及設限的談話，稍後雖然透過工商建研會與經濟部長王志剛的會晤談話來澄清他原意不在設限，而在提出風險警告。不過，李登輝的話不僅使得台北的大陸經貿政策有陣子顯現混亂，而且也使得對岸北京疲於對待。可是，中共在李總統講話後不到一週內迅速公布兩岸直航辦法，加速推動兩岸「三通」，具有拉緊兩岸經貿關係意圖，也顯示了李登輝的主動更弦大陸經貿政策的手法，北京不得不回報於正視。[49]

因此台北「主動出擊」手法，至少使得過去一向給予外界消極被動形象的台灣，在兩岸關係互動之時，也見其有活絡積極進取之處。特別在外界經常誤認兩岸關係實際上是由北京主導之時，台北此舉當也有耳目一新的正面意義。

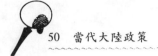

註釋

1 黃昆輝，《大陸政策與兩岸關係》，行政院大陸委員會編印，1991年12月，頁4-11。

2 馬英九，《兩岸關係的回顧與展望》，行政院大陸委員會編印，1992年3月修訂版，頁9-10。

3 梁麗筠，〈大陸政策的決策與執行——陸委會、海基會運作模式研究〉，收編在黃天中、張五岳主編，《兩岸關係與大陸政策》，台北：五南圖書出版公司印行，1993年4月，頁532。

4 黃昆輝，《大陸政策與兩岸關係》，行政院大陸委員會編印，1993年10月，請見其所撰「國統綱領的政策意涵」一節，頁3-9。

5 此段《人民日報》文章引述於明居正所撰〈中國統一的理論建構——「國家統一綱領」的背景及理論意涵〉一文，該文收編在黃天中、張五岳主編，《兩岸關係與大陸政策》，台北：五南圖書出版公司印行，1993年，頁61。

6 同上註。

7 陳忠信，〈民進黨的大陸政策與兩岸關係發展〉，收編在在黃天中、張五岳主編，《兩岸關係與大陸政策》，頁130。

8 同上註。

9 任品生，〈論台灣國統綱領與兩岸關係〉，收編在馬起華編，《兩岸關係學術研討會實錄》，中華會出版，1992年12月，頁156。

10 同上註。

11 明居正，〈中國統一的理論建構——「國家統一綱領」的背景及理論意涵〉，該文收編在黃天中、張五岳主編，《兩岸關係與大陸政策》，台北：五南圖書出版公司印行，1993年，頁58。

12 黃昆輝，《大陸政策與兩岸關係》，頁16。

13 黃昆輝，《大陸政策與兩岸關係》，頁12-16。

14 黃昆輝，《大陸政策與兩岸關係》，頁16-17。

15 同上註，頁3。

16 〈許信良：一中一台才符合國際社會對我定位的認知〉，《自由時報》，1992年9月1日。

17 張慧英，〈李總統：我們必須審慎因應〉，《中國時報》，1992年5月20日。

18 周美里，〈國統會多數研究委員認為：兩岸中國原則會是個陷阱〉，《自由時報》，1992年5月20日。

19 包宗和，《台海兩岸互動的理論與政策面向，1950-1989》，台北：三民書局，1990年5月，頁114。

20 《聯合報》，1989年5月9日。

21 正中書局主編，《存在、希望、發展——李登輝先生「生命共同體」治國理念》，台北：正中書局印行，1993年8月，頁41。

22 有關郝先生一個中國主張，可見於他多次接受立法委員質詢時所持之立場。

23 「一個中國意涵」文件全文內容，請參閱邵宗海，《兩岸關係：兩岸共識與兩岸歧見》附錄部分，台北：五南圖書出版有限公司，2000年10月初版三刷，頁499-500。

24 有關有關江炳坤主張內容及台北立場聲明，請見張旭昇、洪玟琴，〈江炳坤：將採一個中國為指向的階段性兩個中國政策〉，《中國時報》，1992年11月22日，頭版，以及郭崇倫，〈外交部聲明：政府一個中國堅定立場不變〉，《中國時報》，1992年11月23日，頭版。

25 《台海兩岸關係說明書》文件全文內容，請參閱邵宗海，《兩岸關

係：兩岸共識與兩岸歧見》附錄部分，頁501-522。

26 「一個分治的中國」說辭源出自於〈透視「一個中國」問題〉，全文請見《中央日報》，1997年2月23日，2版。另李總統的講話內容，見王雪美、張宗智，〈李總統：盼中共面對一個分治中國事實〉，《聯合報》，1997年9月2日，頭版。

27 有關俞國華、李登輝，以及政府發言人的談話，請見蔡政文、林嘉誠，《台海兩岸政治關係》，國家政策研究資料中心出版，1989年7月，頁155-157。

28 《大陸工作手冊（一）》，行政院大陸委員會編印，1991年12月2版，頁1-35。

29 黃昆輝，《大陸政策與兩岸關係》，頁6-7。

30 同上註，頁7-8。

31 李慶華，《任爾東南西北風》，台北：商周文化發行，1992年11月，請參考內中二篇文章：〈我對兩岸直航問題的看法〉以及〈我為什麼主張開放兩岸直航〉。

32 行政院大陸委員會，〈兩岸直航的問題與展望〉，收編在黃天中、張五岳主編，《兩岸關係與大陸政策》，台北：五南，1993年，頁175-193。

33 蔡政文、林嘉誠，《台海兩岸政治關係》，台北：國家政策研究資料中心，頁146。

34 請見「台海兩岸關係說明書」前言部分，有關說明書全文內容，請參考邵宗海，《兩岸關係：兩岸共識與兩岸歧見》附錄部分，台北：五南，2001年，頁501-522。

35 有關這四項原則，係參考「台海兩岸關係說明書」中台海兩岸關係的發展部分，整理而成，可參考上註，頁19-31。

36 李總統在國統會談話全文，請見《中央日報》，1995年4月9日，4版。

37 王銘義，〈陸委會解讀李總統講話：表現「中國人幫中國人」態度〉，《中國時報》，1995年4月9日，3版。

38 王靜玲，〈陸委會：中共應以江八點李六條為橋樑務實開展關係〉，《中國時報》，1996年1月31日，頭版。何明國、周怡倫，〈我願以李六條江八點為兩岸溝通基石〉，《聯合報》，1996年1月31日，頭版。

39 《李登輝總統特殊國與國關係：中華民國政策說明文件》，台北：行政院大陸委員會，1999年8月，頁1-9。

40 《台海兩岸關係說明書》，台北：行政院大陸委員會，1994年，頁23。其全文內容亦可參閱邵宗海，《兩岸關係：兩岸共識與兩岸歧見》附錄部分，頁501-522。

41 在李登輝「特殊兩國論」出爐之後，蘇起以陸委會主委身分，曾經在1999年7月12日與7月30日分別召開記者會就「兩國論」問題提出釋疑。在7月12日的記者會上，蘇起曾說「兩岸統一是未來式，未來大陸民主化後，此一目標並沒有改變」。在7月30日的記者會上，蘇對兩國論是否入憲一事提出澄清，他說「修憲問題超出我作為陸委會主委的職權，應由其他相關部門表示意見。不過據我所知，政府部門是不贊成修憲。」這二次記者會回答全文內容，可參閱《李登輝總統特殊國與國關係：中華民國政策說明文件》，頁16-27，40-54。

42 何明國，〈辜汪會談三週年，辜振甫發表談話：回歸追求一個中國過程〉，《聯合報》，1996年4月30日，頭版。

43 蘇起在1999年7月12日記者會上，曾在開場白以及回答記者問題

上，提出下列幾段看法：「兩岸之所以『特殊』，是因爲兩岸間的民族情感與文化因素，這是一般國家所沒有的。所以對等而正常化後的兩岸關係，一定可以比一般國家間的關係更爲密切」；「目前國統綱領的定位與總統的宣示（指兩國論），精神上是一致的」。連同文中蘇起的看法，可參考《李登輝總統特殊國與國關係：中華民國政策說明文件》，頁10-27。

44 李登輝就職演說全文，請見1996年5月21日台北各報。

45 王銘義，〈張京育：兩岸政治談判無法排除〉，《中國時報》，1996年4月16日，4版。另在新加坡之談話，見呂嘉猷，〈張京育：兩岸談判不必然透過海基會〉，《中時晚報》，1996年5月7日，2版。

46 林珍良，〈劉兆玄：兩岸通航策略，月底通盤評估〉，《聯合報》，1996年3月12日，2版。

47 李登輝接受《華爾街日報》的專訪全文，請見《中國時報》，1996年3月28日，2版。另外，台北外交部的決策官員曾提及可能是李總統口誤或翻譯錯誤，見陳家傑，〈外交部官員：可能是口誤〉，《聯合晚報》，1996年3月29日，2版。至於連戰的見解，見李見榮，〈連戰：兩岸應暫擱置主權爭議〉，《中國時報》，1996年7月9日，2版。至於張京育的看法，則見他在1996年8月23日國民黨四中全會的〈兩岸關係報告〉，文中曾提到「我們必須正視民國38年以來，兩個互不隸屬的政治實體分治海峽兩岸的事實」。

48 有關李登輝首度提示在國際場合與中共江澤民主席晤面的建議，是在1994年9月30日，接受美國《華爾街日報》的專訪時所說的。《華爾街日報》對李登輝進行專訪時，曾問說：「您仍然準備與江澤民會晤嗎？」李的答覆是：「已有台灣人民去過大陸見過國台辦主任王兆國與江澤民，據轉述他們曾說：『我們也許應該邀請李先

生』。他們從不稱李是李總統，因爲他們想和我見面談談。峇里島的亞太經合會議或許是個不錯的地點，如果我在那裡，江澤民也在那裡，我們也許會碰面打招呼，問聲：『您好嗎？來談談如何。』如果那時江澤民提議會議此類此項是沒問題的。但如果要舉行會談，中共可能以秘密的方式行之，而我們是民主社會，我們的人民不會接受這種會議，必須要以公開的形式爲之。」有關專訪全文，請見《中央日報》，1994年10月4日。

49 李登輝總統在國大發言之內容，接見工商建研會與經濟部長王志剛的講話轉述，以及中共之反應措施，請見台北各大報1996年8月15日的報導，周德惠，〈李總統：兩岸經貿政策未變〉，《聯合報》，1996年8月21日，3版；華美惠，〈王志剛：沒提到大陸投資設限〉，《聯合報》，1996年8月21日，19版；鄧丕雲，〈李總統檢討亞太營運中心談話，中共官員指兩岸關係將「倒退」〉，《聯合報》，1996年8月21日，7版。

第三章

陳水扁大陸政策的實質內涵

第一節　陳水扁大陸政策──四篇談話稿的解析

　　陳水扁在2000年5月20日就職第十任中華民國總統那天所發表的演說，被普遍認為是新政府大陸政策最著墨之處。同時，陸委會主委蔡英文也說過：「政府大陸政策係以陳總統五二○就職演說以及其各項政策宣示為主要內涵。」[1]另外陳水扁在2000年12月31日所發表尋求政治統合新架構的「元旦賀詞」，也被蔡英文稱之為政府大陸政策所遵循的依據。[2]加上稍後陳水扁於2001年5月27日在中南美洲友邦「睦邦之旅」與記者茶敘時所談的「新五不政策」看法，以及他於2003年1月1日所發表兩岸建立和平穩定的互動架構的「元旦賀詞」，似乎就構成了陳水扁大陸政策的主要架構。（有關陳水扁四篇談話的全文內容均附件在本書附件供作參考）

　　這四篇談話中的內容，基本上有下列二項特點，茲將這些特點分析如下：

一、政策以負面排列表明

　　陳水扁在三篇談話所敘述的大陸政策，似乎都不從政策正面推展之方向表列，只從政策可能產生的負面的結果然後採取以排除手段來作表列。這種較具消極而且被動形式的政策措施，在一般正常政策說明中是較為罕見。譬如說，在他五二○就職演說中，他就提到「只要中共無意對台用武，本

人保證在任期之內，不會宣布獨立，不會更改國號，不會推動兩國論入憲，不會推動更改現狀的統獨公投，也沒有廢除國統綱領與國統會的問題」。[3] 又譬如說，在2001年5月27日在多明尼加與隨行的台北記者茶敘時，他再度以負面表列「不會做什麼」的方式來陳述大陸政策可能採取的走向：「第一、軍售，過境美國不是對中共的挑釁；第二、中華民國政府不會錯估、誤判兩岸情勢；第三、台灣不是任何一個國家的棋子；第四、政府從來沒有放棄改善兩岸關係的誠意與努力；第五、兩岸關係不是零和關係。」媒體便予外界閱讀與瞭解，就簡化為「不挑釁，不錯估情勢，不是棋子，不放棄誠意與努力，不是零和遊戲」的「新五不政策」。[4]

就前者「四不一沒有」政策來說，有二點爭議至今一直沒有獲得澄清：

第一點：陳水扁說如果中共不動武，他可保證不宣示獨立，不更改國號，不推動統獨公投以及不入憲兩國論，這些看法顯與他在同文中強調「自當恪遵憲法，維護國家主權、尊嚴與安全」這段文字在邏輯上產生有極大之爭議。因為中華民國憲法雖在行憲後經過六次修改，但是主權仍然及於中國大陸，這可在憲法本文第四條以及增修條文第十一條中有明確的規範。特別是要改國號，要宣布獨立或是推動改變現狀的統獨公投的措施，只有在台灣要進行對現行憲政體制與政權全面否定需要革命時才會產生的。所以當陳水扁一再強調他要恪遵憲法之時，實際上已不需要有過多語辭去保證或說明他不會做什麼，因為憲法的規範讓他根本不能做或者是

做不到上述的措施。當然反過來說，如果這些措施是在現行
憲法沒有限制或沒有特別規範下可採取的方向，當然為了不
挑釁中共，以維護台海之間的穩定，陳水扁的「五不」保證
說辭，即使有些被動與消極的精神，仍有其政策上可取之
處。但是當這些措施均已為憲法所不允許推動之時，他的保
證就顯得有點多餘。而且在政策上來說，這種宣示實際上並
沒有多大意義存在。

　　第二點：陳水扁說如果中共不動武，他可以採取「四不
一沒有」的政策措施，是有很多人從「善意」的角度來對他
這項宣示的評價。[5]但是也有學者認為「善意」必然要有「誠
意」為基礎，陳水扁的「善意」若僅止於口惠，而不以「誠
意」推動，其實毫無意義可言。[6]不過最重要的是很少人會去
想像，這項「善意」若換從北京立場上來思考而非站在台北
觀點來解讀，可能就使得中共當局無法感受。

❖我們試以用一些逆向思考的邏輯來解析陳水扁所說的
　「四不一沒有」政策：

　1.不宣示獨立是否就等於一定要走向統一？
　2.不更改國號是否就表示會接受中華人民共和國嗎？
　3.不推動改變現狀的統獨公投是否就表示一定會維持
　　現狀嗎？
　4.沒有廢除國統綱領或國統會的問題是否就表示陳水
　　扁政府一定會執行綱領或召開國統會嗎？

很顯然的是，不僅在邏輯上「不做什麼」不全等於「要

做什麼」，而且在陳水扁執政一年後，我們也見證了他所說的「四不一沒有」宣示，並沒有顯示在政策上他就會有「四要一有」的結果。這樣的宣示，從上面的分析來看，北京怎會感到有「善意」的釋出？

❖另外，我們再從北京當局立場來看這些宣示，就可發現即使如上述邏輯所言，他可從「負面」排除宣示的走向觸發「正面推展政策」的結果，但是，有些「善意」換成另外一種思維來解讀的結果，很可能並非中共當局所能接受的結果，譬如說：

1.不宣示獨立很可能意味永遠維持現狀。北京在2000年國防白皮書已說明不會接受台灣這樣的走向。[7]
2.不更改國號當然就是繼續使用「中華民國」，北京不可能會正式表示接受。
3.不推動改變現狀的統獨公投，實際上也就是要排除統一的可能性，北京不得不有此疑慮。
4.不將兩國論入憲讓兩國論變成是「可做而不可說」的狀況，北京不會同意，「不提兩國論但事實仍存在的說法」就可作為例子說明。

基本上，上述的假設結果都有可能產生，而且趨勢還顯示非常強烈。就北京來說，就不會對任何一項結果感到滿意。如果說從陳水扁談話是以「善意」出發，恐怕這項預期未必與結論相符。

再就後者「新五不政策」來說，他的宣示似乎不全是

「政策說明」，更大成分是有點「立場澄清」的作用。比較理論一點來說明，那就是陳水扁將「正常情況下一般政策不會如此推行的措施」，用負面表列來說明「不會採行」的方式，期使目前兩岸關係予以矯正或平衡。如果政府的政策均以「不會做什麼」來顯示，那麼一般正常採取正面宣示的政策積極面與主動面應有的效果顯然就因而消失。

事實上，沒有一個政府對外政策會是建立在「主動挑釁，錯估情勢，扮演棋子，放棄溝通以及進行零和遊戲」的考量上。同樣的道理，陳水扁的宣示表示政府不會去違反這種「普世的原則」，本來就是一種正常的思考模式。只是讓外界無法理解的是，陳總統為什麼始終不用正面用詞來作「政策說明」，卻一直用負面表列來作「立場澄清」，這就是他的大陸政策最令人詫異之處。

二、政策以措辭模糊宣示

另方面，陳水扁即便有一些本具正面意義來宣示的政策，卻在表達中因為刻意語意不清或語帶保留，加上兼具有模糊的想像空間的特質，常常產生外界不同的解讀，有些甚至還會有南轅北轍的結論出現。這樣政策宣示的作法，在一般西方國家中的確是較為罕見。而且，重要的是，針對外界不同的解讀或是疑慮，陳總統本人也從未出面澄清他在引起爭議的政策宣示中，真正要表達的意思是什麼。「樹立一個政策的模糊與想像空間」似乎成了陳水扁在這三篇有關大陸政策的談話中另一項特點。

（一）以五二○就職演說內容舉例來說

　　首先陳水扁到底有沒有提到北京所殷盼的「一個中國原則」，就是一個語辭不清或語帶保留的例子。如果僅從字面上來解析，答案應該是沒有。雖然他在演講稿後段部分陳水扁是確有提到「（兩岸）共同來處理未來『一個中國』問題」這段文字，但是這段話並不是回應「一中原則」，而且尚有「未來」一詞也充滿了文字玄機。最重要的是，台北預期在陳水扁主政時期「一中」是不存在的，因為要處理「一中」這段文字的意思實際是說兩岸未來的問題。

　　不過陳水扁有完全迴避了「一中」的說法嗎？從整篇演講稿各段一些相關用語的適時切入，又發現陳總統在內容中還是適度的表達了對「一中」的認同，我們試以舉其中幾個例子來說明：

1. 用「大陸」一詞替代過去慣用的「中國」，以「兩岸」代替「兩個華人國家」，多少隱含對「兩國論」的擱置。
2. 建議「積極參與各種非政府的國際組織」不提及申請加入聯合國，會讓北京錯覺陳水扁有意不走「兩國」路線。
3. 「沒有廢除國統綱領與國統會的問題」，雖然是在中共無意對台動武的前提下，但是配合演講稿中七次提到「中華民國」，很難說出陳水扁有排斥一中的傾向。
4. 強調「自當恪遵憲法，維護國家主權、尊嚴與安全」

這段文字，若與憲法本文領土條款相對照，又會認為陳水扁所認定的一個中國就是中華民國。

　　可是，這些用語實際上是有保留了一些模糊的解釋空間，譬如說，用「大陸」或「兩岸」的名辭並不代表陳水扁未來對「兩岸定位」完全跳躍出「兩國論」的思維。而且不廢除國統綱領也不意味著陳水扁會來執行國統綱領。更有意思的是，民進黨對中華民國的主權領土看法是與目前三個在野黨派的主張是不一樣的，那就是所謂「中華民國主權領土」民進黨與陳水扁認為只限於台澎金馬。最能代表這種意涵的一段話，就是他們常說的「台灣是個主權獨立的國家，不過憲法上它的名字叫中華民國」。

　　因此，北京當局是否因而深信陳水扁即使不說「一個中國」四字但仍感受來自台北的善意，應該會有保留的態度。以上述解析來說，陳水扁或許可以有「一中」傾向，但換另個角度來說，陳水扁也可以說實際在排斥「一中」。因此，今後北京怎麼來解讀，當是兩岸關係危機是否能予解除的癥結。

（二）以2001年12月31日「元旦祝詞」內容舉例說明

　　陳水扁總統在元旦發表兩岸關係的談話，以內容來看，真的不能當作是一般性慶典的文告來等閒視之。[8]

　　首先，以這篇談話文字運用技巧以及語氣強烈感性的層面來看，的確超過李登輝主政時代的任何一篇有關大陸政策的文件。

再以整篇的用詞以及內容所表達的「善意」來看，也是
陳水扁自五二○就職演講之後最充分釋放的一次。譬如說：

❖ 以「對岸」稱呼北京，代替過去「大陸當局」或「中
　國」的稱謂；共計在全文中使用三次。

❖ 提出「根據中華民國憲法，『一個中國』原本並不是
　個問題的看法，間接承認「憲法一中」的法律事實。

❖ 清楚說明短期內要回應「有關建立新機制，以持續整
　合國內各政黨及社會各方對國家發展與兩岸關係之意
　見」，不排除重組國統會的可能性。

❖ 建議也呼籲對岸「從兩岸經貿與文化的統合開始著手
　……進而共同尋求兩岸永久和平，政治統合的新架
　構」，再配合所謂「希望生活在同一屋簷下」的說法，
　讓「統一」好像變成是目前台灣唯一的「選項」。

❖ 最後在兩岸經貿方面，以「積極開放，有效管理」代
　替「戒急用忍」，正式鬆綁台商對大陸投資的政策限
　制。

其次，這篇談話中，也衍生了一些本來不應有的問題。
就「語辭不清或語帶保留」而言，使得本來具有正面意義的
「政策善意宣言」，變成了各方費猜，沒有標準答案的結果。
最具體的例子是：

❖ 陳水扁說根據中華民國憲法，「一個中國」原本並不
　是個問題。但是由於下文沒有承接敘述文字，導致外
　界最疑惑的解讀：就是「一個中國」現在是否就是個

問題？

❖陳水扁說：共同尋求兩岸永久和平，政治統合的新架
　構。但是由於「政治統合」一詞過去在兩岸之間甚少
　使用，在統獨光譜中也不知應定位在何處，陳水扁一
　旦啓口，不同解讀也因而四起。所以北京涉台學者的
　回應，基本上認為陳水扁在一個中國的原則問題上，
　還是採取迴避的態度；並且認為陳水扁既談「憲法一
　中」，又在演講稿中提過未來一中的說法，正說明陳水
　扁邏輯矛盾之處。[9]

　　另外，台灣內部對「統合論」也有南轅北轍的解讀，看
法有從台北是有意走向統一，到新政府是真正追求台灣主權
獨立的看法都有。甚至有人還說，統合論真正的意涵是「統
中有獨，獨中有統」。[10]

（三）再以2003年1月1日「元旦祝詞」來舉例說明

　　首先，將陳水扁這篇談話與「大陸政策」及「兩岸關係」
相關的部分內容摘錄如下：

　　過去兩年多以來，政府一直致力於兩岸關係的穩定，也
持續尋求突破現狀的機會。阿扁願意重申就職以來的立場，
海峽兩岸應該秉持「善意和解、積極合作、永久和平」的原
則，共同推動兩岸關係的良性發展。在和解、合作與和平的
前提之下，我們不會片面改變「四不一沒有」為主軸的各項
承諾。

　　當前兩岸都各自提出未來建設與發展的藍圖，今天阿扁

願意慎重提出，海峽兩岸有必要將「建立和平穩定的互動架構」，作為現階段共同努力的重大目標。讓兩岸在二十一世紀的前二十年，創造經濟發展的共同利基，營造長期交往的良性環境。要邁出第一步，可以從協商和推動兩岸直航及相關的經貿議題著手，為雙方文化與經濟進一步的交流提供條件，進而使兩岸能夠在既有的基礎及漸進的互信之上，秉持民主、對等、和平的原則，共同來處理更長遠的問題。

其中令人最受重視的一點，是陳水扁建議「兩岸應建立和平穩定的互動架構」，其目的則在「創造經濟發展的共同利益，營造長期交往的良性環境」。到底所謂的「和平穩定的互動架構」是什麼內容，並且要營造形容為「長期交往」的良性環境，當然是引發國內外對這項建議的重視。

其次，在文中陳水扁也強調要「尋求突破現狀的機會」，再次承諾「不會片面改變『四不一沒有』為主軸的各項承諾」，又一次充分體現「善意釋出」的作用。同時在配合要建立和平穩定的互動架構之際時，一句「尋求突破現狀」的說法。在在顯示陳水扁有意從他過去的大陸政策的底軸，或者說他在2002年8月的「一邊一國論」[11]發表之後，重新整裝出發，邁開新的一步。

最後則是他明白的表示，「要邁開第一步，可以從協商和推動兩岸直航及相關的經貿議題著手」，點出了台北對這方面有意推行的議題，不像過去只是含糊或抽象的提出「恢復協商」口號而已，而且再進一步的說出「為雙方文化與經濟進一步的交流提供條件」，是要「共同來處理更長遠的問

題」，更似乎讓外界感受他像是2002年元旦祝詞「統合論」的重彈，當時說辭也提到從文化與經濟整合先行著手。

　　但是問題一如以往，「和平穩定的互動架構」具體內容及形式應是什麼？這樣的互動架構在北京屢次要求必須接受「一個中國原則」情況下建立在何種基礎上？而最重要的是「共同處理更長遠的問題」，是否與兩岸整合或台灣分離有一確切的關連？都是未見陳水扁在講稿或事後說明上清楚表白。這樣的文字猜謎遊戲在陳水扁擔任總統超過一半任期後仍見他不停的運用。

三、政策保留可進退空間

　　其實，在台北的大陸政策不論在李登輝時代或陳水扁主導下，都會有「模糊」空間的存在。至於今後的政策走向是否往「消極」或「積極」面推進，實際上已從容地在預留的「模糊空間」裡迴旋。譬如說，只要台灣內部共識高一點，或北京的善意強一點，大陸政策的積極面就會凸顯。反之，則台灣在兩岸關係發展則益發走向自閉，完全消極反應都可能存在。

　　實際上，陳水扁的元旦談話正好就是這種「保留可進退空間」的代表作，我們可將它的積極及消極層面走向分析如下：

　　積極面：正如同前述文告中已有「善意」的表達，陳水扁至少在認同中華民國憲法具有「一個中國」的法律內涵，

不再全面否定一中；而且也準備重組國統會，希望整合台灣內部意見；最重要的是，陳水扁第一次提到兩岸共同尋求雙方永久和平及政治統合的新架構。這種說法對兩岸關係學者言，相當程度是暗示陳水扁有意將台灣推向「兩岸走向統一與整合」的結局。

但是陳水扁也可能走向消極面：陳水扁雖在內文中提到憲法一中，但只是說這原本不是個問題，但北京今後若不能瞭解台灣人民的目前疑慮，以及當家做主的意志，那麼兩岸之間對於一中的認知可能會有落差，這種說法顯然還是部署了一步「退棋」；另外，談到要持續整合內部各方的意見，是針對「國家發展」與兩岸關係，並且是建立「新機制」或調整現有機制，非常明白表示國統會不會是今後唯一選擇，至於最新鮮「尋求兩岸政治統合新架構」的說法，既可擴大成歐盟、邦聯、國協甚至重談過去討論過的中華合眾國的模式，也能維持兩個主權國家的結合。不見得只是「單一國」的結局。

從上述積極面與消極面可能走向的分析結果來看，充分說明台北大陸政策在陳水扁主導下，已可「上下任意滑動」，也可「左右搖擺晃動」。到底會是什麼走向，端看北京的「善意」如何。因此如何回應陳水扁這一步「險棋」，北京當局顯然就面臨兩難局面，因為來回應這篇顯然是有意向北京投擲政治試探汽球的文告，中共既不能對文告有太早「肯定」或「否定」，而且還不能完全保持緘默，否則就是給予陳水扁一個藉口，下一步就可以不再需要在外界壓力下釋

放「善意」。所以北京不能再只用「聽其言，觀其行」一句帶過，可能需要的還得用點「智慧」，放點「耐心」，釋出點「善意」。

第二節　陳水扁的大陸政策——民主、對等、和平原則是處理兩岸關係的主軸

　　其實陳水扁大陸政策的真正主軸應是建立在他大選時所提出的「中國政策」。在這份名爲「跨世紀中國政策白皮書」中相當清楚陳述了「推動台灣與中國關係的全面正常化，正是跨世紀中國政策的主軸。[12]在這個主軸下，台灣必須更堅定於主權的維護和安全的保障，同時也必須更積極於和中國之間的交往合作，甚至爲中國的進步提供協助貢獻」。整本白皮書有三個重要的架構：（1）凝聚國家定位共識，主要是要說明依憲法稱爲中華民國的台灣，與中華人民共和國，是兩個互不隸屬、互不統治且互不管轄的國家，此處的重點主要是偏向在彼此的對等；（2）建立穩定的互動機制，主要是積極展開兩岸的對話與協商，特別希望能與對岸簽訂和平協定，依據聯合國憲章和平解決爭端，不以武力互相威脅，此處的重點是追求和平方式來解決兩岸之爭議；（3）全面發展兩岸經貿合作關係，追求互利互榮的結果；不過，最重要的還是白皮書中引述了1999年5月「台灣前途決議文」中所提到的「任何有關獨立現狀的更動，必須經台灣全體住民以公民投票的方式決定」，不過在白皮書中又是主張以

「兩個國家的特殊關係」界定台灣海峽的現況，由於「特殊關係」可能對現況造成改變，因此白皮書說：「只要經過台灣全體人民同意，任何『特殊關係』都不應該事先排除，但是也都應該獲得多數人民的支持。」實際上，這種說法已經埋伏了陳水扁後來積極排除有「預設方向」的考量所在。當選之後，面對一些現實的問題，加上也有國際社會企求兩岸穩定的因素存在，因此，陳水扁不得不權宜的將民進黨原先的中國政策內容作了些調整，但保留了白皮書中主張對等、和平與不預設未來發展方向的精神，並將這樣的政策走向，在就職前會晤日本自民黨眾議員綿貫民輔訪問團時正式透露。而這項政策的內容有三個重點：

❖海峽兩岸彼此尊重，接受對等地位。
❖依照聯合國憲章規定，以和平方式解決爭端。
❖對未來發展，不預設任何方向。[13]

不過，陳水扁在重要場合闡述大陸政策之時並沒有特別強調說明他是以大選時所發表的「中國政策」為依據。他最具代表性的一段談話是2001年5月18日就職一週年的電視錄影談話，當時陳水扁曾表示他願意以「民主、對等、和平」原則之下，隨時隨地與對岸展開協商與對話，不論什麼議題都可以談。[14]另一次重要談話是2003年1月1日的元旦祝詞，陳水扁說「秉持民主、對等、和平的原則，共同來處理（兩岸）更長遠的問題」。其中對等與和平原則，意義十分明確。至於民主，最重要是尊重人民自由意志的選擇，其中所呈現的核心精神就是兩岸不應將未來發展架設前提或預設方

向。但是陳水扁的看法並不侷限在一、二次的談話而已。若仔細研究大選之後陳水扁對外發表重要談話的內容裡，還是發現有許多重點不約而同的就契合著他大選時的觀點在作宣示。下面的分析實際上完全是有事實的證據來支持這樣的假設。

一、在兩岸尊重對等方面

陳水扁總統在2001年5月10日亞洲華爾街日報一項專訪中，特別強調「平等」是兩岸對談最重要的原則。根據他的看法，「平等就是平等，不應有某人是中央，而另一人是地方；一位是主人，他人是傭人。」陳水扁重申，台灣是一個主權獨立的國家，但中共從未承認此一事實。[15] 而所謂的「事實」，應是所謂的「政治現實與歷史事實」，根據新政府的說法，就是「中華民國自1912年便已存在，從未間斷；中華人民共和國是從中華民國分裂出去的，1949年才成立，中華人民共和國從未有效統治過台澎金馬，中共政府應該要正視歷史事實」。[16] 這樣所謂的「對等」，恐怕是建立在「中華民國」與「中華人民共和國」相互平等的基礎上，實際上2002年8月3日陳水扁提出的「一邊一國」主張不也就是這樣「企圖」的呈現？比起國民黨主政時代的「一國兩體」或「一國兩區」，甚至「特殊國與國關係」的「對等」要求，顯有更強烈的超越。

但是，畢竟「中華民國」與「中華人民共和國」相互「對等」的立場在現階段還是不容易在言辭中充分表達，特

別是贏得大選之後的陳水扁，北京對他的一言一行勢必特別
注意，加上他也完全明瞭兩岸關係是有嚴峻的一面，因此在
表達兩岸「應彼此尊重，接受對等地位方面」，陳水扁顯然
還是運用其政策特殊的「逆向思考面」與「消極被動面」來
闡述。

　　在「逆向思考面」，陳水扁以「不能接受一個中國為前
提」來凸顯如接受這個前提，就很難在兩岸之間有「對等」
地位。支持這種說法是陳水扁在2000年3月接受洛杉磯時報
訪問時就說了很清楚。他說雖然先前他有表達意願就「一個
中國」和北京展開對談，但一個中國就陳水扁而言應是議題
而不是前提，所以他不會接受中共主席江澤民把「一個中國」
當成是是兩岸談判的前提，因為陳水扁認為他若接受這個前
提，台灣就很難在「對等」的地位上與北京談判。[17]另一個
例子，是陳水扁表示「不能接受一國兩制」，也是用來凸顯
兩岸因而可能導致「不對等」的結果，2000年8月13日，陳
水扁在會晤AIT理事主席卜睿哲時就說：「一國兩制已經是
中共對台的既定政策，而多數台灣人民卻無法接受一國兩
制，更不願成為香港第二、澳門第二」。[18]其實，這裡所說台
灣不願成為香港第二，說穿了，就是台灣不會也不願在接受
「一國兩制」後就成為類以像香港或澳門一樣的「特別行政
區」地位，因為那種「政治定位」對台北來說，就是顯示與
北京的「不對等」。

　　至於，在「消極被動面」，陳水扁的主張重點是他在五
二〇演說中所說與對岸「共同處理未來『一個中國』的問
題」。因為「一個中國」在未經雙方磋商共同定出共識結論

之前就輕易接受，容易導致外界的誤解，認為台北已經同意接受以「中華人民共和國」為主體的「一個中國」。因此，陳水扁當然是希望就「一個中國」這個主題進行兩岸的會商，若探討出的結果能使台北在兩岸之間的定位與北京居於「對等」地位，當是會商最主要的目標。因此，陳水扁的堅持「只要一個中國不是原則，而是議題，可坐下來談。」[19]其中的精髓便是著眼在以「消極被動」的立場，來看北京是如何在「一個中國」問題上出招，只要台北能獲致「尊重、對等」的訊息，即便兩岸協商是要台北來談是否接受「一個中國」的敏感話題，陳水扁也不會排斥去面對。

二、在和平方式解決爭端方面

　　陳水扁總統在五二○就職演說中曾提到說「冷戰已經結束，該是兩岸拋棄舊時代所遺留下來的敵意與對立的時候了，我們無須再等待，因為此刻就是兩岸共創和解時代的新契機」。所以追求兩岸「和解」是他的大陸政策中非常重要的內涵，而且，他更強調是追求以和平方式解決兩岸之爭端。

　　早在總統大選前一天晚上，陳水扁便在政見發表會的現場演說中提到要「追求兩岸永久和平」。等到第二天當選之後，他在當選感言中也出現「追求台海永久和平是總統的使命與天職」的一段話，這多少說明在他首度必須站在第一線面對來自對岸的壓力時，他內心世界裡最盼望能完成的事，就是樹立兩岸永久的和平。所以即使在2000年8月19日前往

中南美訪問途中，他仍要說出要做到「避戰」，不可發生戰爭的呼籲。[20]

　　兩岸之間維持和平，兩岸之間的爭端希望用和平方式來解決，這不是陳水扁的大陸政策思考模式獨自專有的現象，在國民黨主政時代，實際上追求和平解決兩岸爭端的主張已有多次提出，特別是1995年4月8日李登輝總統在回應「江八點」之時，都有提出與「江八點」一樣的建議，希望兩岸共同追求「終止雙方敵對狀態」的目標。不過在這項說辭上，儘管李、江兩人用的均是「兩岸終止敵對狀態」一詞，不過，兩人表達的實際內涵與實施程序還是有所不同，江是說「作為第一步，雙方可先就『在一個中國的原則下，正式結束兩岸敵對狀態』進行談判，並達成協議」。但李的說法則是留下更大的迴旋空間，在「李六條」中的原文是如此說的：「當中共正式宣布放棄對台澎金馬使用武力後，即在適當時機，就雙方如何舉行敵對狀態的談判，進行預備性磋商」。江說的是談判並達成協議，李則僅表示先作預備性磋商，而且雙方均有「前提」存在，江提到「在一個中國原則下」，李是要求「當中共正式宣布放棄對台澎金馬使用武力後」。[21]

　　其實陳水扁在「和平方式解決兩岸爭端方面」，也有與李登輝中「李六條」的說法有「異曲同工」之妙，像在五二○演說中就特別提到，「只要中共無意對台用武」，他就不會宣布台灣獨立等等措施，這就是所謂的「大陸不武，台灣不獨」的說法。[22]其實，大陸動武當是台海和平情勢被破壞的主因。但台灣獨立也是促成台海和平情勢被破壞的主因。

大陸不武，台灣固然可以不獨，但換句話說，台灣不獨，大陸同樣也可以不武。這中間的誰先誰後，好像看不出來有多大差別，其實，說穿了，陳水扁與李登輝的說辭基本上對和平解決爭端的方式的看法，都是認為要先去除「中共武力威脅」的因素。但是，同樣的說辭搬到不同立場的北京來看，就認為若能去除台灣獨立，特別是台灣同意接受一個中國原則，那麼兩岸的爭議早就可用和平方式解決。而可嘆的是，雙方都瞭解和平方式解決兩岸爭端的重要，但是彼此卻仍然沒有意願「實踐」去做，只看到對方的佇等而批評，而忘了自己正在做著同樣的動作。所以，和平解決兩岸爭議的建議，北京與台北確有此心，但都拖延至今仍原地踏步。而在台灣方面，自李登輝時代就談起這方面主題，但是到了陳水扁主政後，情況並沒有改善。

三、對未來兩岸發展不預設方向方面

陳水扁總統在2000年8月17日中美洲訪問之旅停留多明尼加時曾舉行記者會表明說：「兩岸關係的走向，台灣二千三百萬人民應有最終選擇權與決定權，必須尊重人民意志的選擇，因此國統綱領是必須以『統一』為唯一及最後的選項，應該值得進一步探討。」[23] 當然，陳水扁的談話主要是針對「國統綱領」中前言或目標部分提到中國必將統一的內容，認為讓台灣只有「統一」的目標或選擇是不公平的。其實陳水扁在這項談話裡充分想表達的應該是有二種意義：第一，兩岸之間未來發展應該不預設方向；第二，而真正想表

達的則是兩岸之間未來發展不應預設任何前提，以加諸在台灣或大陸的可能發展的走向上，特別是北京，應該自我克制不要爲台北冠上只有唯一「統一」的走向。

來證實他確實有這樣的思考傾向，可由下列幾個例子中說明：

範例一：就在多明尼加表達這樣的看法之後，陳水扁在2000年9月1日接受紐約時報訪問時，再次強調了他在這方面的立場。他說「以統一爲解決兩岸關係的唯一途徑，這種作法違反民意」。稍後，他在接受美國CNN廣播網專訪者，對他所謂「統一不是唯一選項」的說法則解釋是，「中華民國是一個眞正的民主國家，尤其他身爲國家領導人，不能排斥除了統一，獨立之外還有其他選項的可能性，必須要能尊重，包容不同的意見與看法。」[24]

範例二：2000年4月21日陳水扁去拜訪前行政院長孫運璿時曾提到與未來中國統一模式有關的聯邦體制。這樣說法一度曾被外界誤認爲他有意在這樣的方向去思考台灣未來走向，但是仔細分析他原始談話內容，發現陳水扁根本無意要爲台北預設一個確定方向，反而是強烈顯示是爲台北保留更寬闊的「迴旋空間」，他的原意是如此說的：「對『邦聯』究竟可不可行，必須由朝野形成共識，其中有很大的討論空間」。[25]接著第二天他在向工商界謝票的一項宴會中，他更是明白澄清說，「一個中國」只要不是原則，什麼都可以談，就連邦聯、聯邦或國協都有討論空間，但是最後都必須由台灣二千三百萬人民共同決定。[26]在這次談話中，發現提到的

「邦聯」也好，或是其他統一模式，只是陳水扁列舉可以充分討論的例子而已，而不是他所尋求的最終目標，而且千萬別忽略的是，陳水扁雖然強調兩岸未來不預設方向，但是他仍然有自己設定的前提存在，那就是必須有「朝野形成共識」或是「台灣二千三百萬人民共同決定」。

第三節　陳水扁的大陸政策——正面但成效有限的建議

陳水扁的大陸政策是否「言辭取巧」，或是「善意偽裝」，或是「政策模糊」都是可以辯論的話題，甚至於陳水扁的大陸政策是否得到中共當局的正面回應也是可以進一步來辯證的。但是，若說陳水扁就職一年來，他的大陸政策完全沒有一些「積極正面」的建議，可能也不盡然公平。陳水扁曾說，北京只會對他說的話用比較偏頗的角度去解釋，而不能從健康、建設性的的角度去解釋。[27]這句話在北京可能對陳水扁「不夠瞭解」，或是「信任度較低」的情況下，有它真實的一面。

不過，大陸涉台學者在評估民進黨執政一年的一項座談會上，也有學者認為，在兩岸關係方面，民進黨處理有些問題比過去國民黨成熟。[28]所以，也不是說來自對岸的回應全是負面的評價。

但是，有時陳水扁政府的積極正面建議，可能只從台灣單向的利益考量，而缺乏對北京立場以及兩岸整體的考量，結果往往變成「落花有意，流水無情」的結果，成效顯然有

限，譬如台灣經發會的召開，其結論因促成了台灣朝野之間的共識，但卻沒有獲得北京的共鳴，這樣經發會的影響當然受到限制。如果再看有些建議只是宣示，而非行動加以落實，那麼整個政策的失敗，恐怕不只是來自彼岸的杯葛，而是自己有意的疏失。

因此，闡述陳水扁大陸政策，就需要「兩面俱呈」。下面便是過去一年來，整理出在陳水扁主導下的大陸政策比較具有積極而且正面的一些措施或建議方案，不過有些方案「用意雖佳」，但在執行過程中難免有疏失或欠缺考量，結果成效與預期就有所落差。

一、經發會兩岸組結論，兩岸經貿政策重要依據

由陳水扁總統主導，台灣各重要政黨均派員參與的經濟發展諮詢委員會議於2001年8月26日舉行最後一天全體委員會議討論兩岸組分組結論，由於兩岸經貿各項議題環環相扣，具有高度相互關聯性，全體委員在包容不同意見情況下，同意以包裹方式通過小組原列的三十六項共同意見，至於「九二共識」的不同意見則分別列出以供政府參考。

經發會兩岸組共識重點如下：

1. 確定推動兩岸經貿發展的基本原則為「台灣優先」、「全球布局」、「互惠雙贏」及「風險管理」。
2. 大陸投資「戒急用忍」政策改為「積極開放，有效管理」

主要作法包括：

（1）委請產、官、學界組成的專案小組定期檢討放寬
　　大陸投資產業及產品項目。

　　◇凡有助於提高國家產業競爭力、提升全球運籌
　　　管理能力者，應積極開放。

　　◇國內已無發展空間，須赴大陸投資方能維繫生
　　　存發展者，不予限制。

　　◇赴大陸投資可能導致少數核心技術移轉或流失
　　　者，應審慎評估。

（2）放寬大陸投資資金限制並建立風險管理機制：

　　◇大陸投資資金來源應多元化。

　　◇檢討放寬上市、上櫃公司及其他個別企業在大
　　　陸投資累計金額上限等有關限制。

　　◇放寬投資5000萬美元以上的個案，建立專案審
　　　查機制。

　　◇在建立相關配套措施及保障投資安全前提下，
　　　開放企業赴大陸直接投資。

　　◇強化大陸台商產業輔導體系，積極協助台商降
　　　低投資風險。

3.建立兩岸資金流動的靈活機制

　包括：

（1）進一步開放OBU（國際金融業務分行）得與大陸
　　地區金融機構直接通匯。

（2）依國際慣例，循序開放國內金融服務業赴大陸地
　　區進行業務投資、設立分行（分公司）或子公

司。

（3）開放陸資來台投資土地及不動產，並配合加入
　　WTO（世界貿易組織），開放陸資來台從事事業
　　投資，以及逐步開放陸資來台從事證券投資，並
　　以QFII對陸資作有效管理。

4.有關加入WTO與兩岸「三通」方面

主要作法有：

（1）配合加入WTO進程，開放兩岸直接貿易及兩岸直
　　接通郵、通訊等業務，並適度擴大開放大陸物品
　　進口。

（2）整體規劃兩岸「通航」，在兩岸簽署「通航」協
　　議之前，擴大「境外航運中心」功能及範圍，開
　　放貨品通關入境，減少兩岸間接通航的不便。

5.在考量國家安全前提下，開放大陸地區人民來台觀光

作法包括：

（1）採總量管制方式，完善配套管理措施。

（2）建立安全事項的通報及緊急事故的處理機制。

（3）實施方式、大陸方面協商相關問題與實施時機，
　　必要時以試驗方式先行推動。

6.兩岸問題

建議政府儘速凝聚朝共識，化解「九二共識」的分
歧，依據中華民國憲法定位兩岸關係，擱置政治爭
議，儘速與大陸方面協商「三通」及攸關人民福址的
議題。[29]

陳水扁在經發會後曾評價是新政府成立後第一次由四黨二派坐下來共商國是，解決經濟困境的會議，是一次非常民主而成功的會議，不但是朝野和解，政黨合作的模式，也成為兩岸關係發展的重要分水嶺與轉捩點。[30]

　　加上陳水扁在經發會召開之開幕典禮上已強調說該會議之結論將作為政府制定政策之重要依據，任何相關政府部門主管對已達共識的結論將不允許有異議或反對的表達，因此經發會針對兩岸經貿往來政策達成三十六項共識，其中開放陸資來台投資不動產、境外航運中心、台商補登記及台商盈餘重複課稅等四項共識涉及兩岸人民關係條例的修正，陸委會主委蔡英文已在2001年8月31日表示，該會將在9月3日完成相關修正草案送行政院審查。這已表示，經發會的共識已成為政府制定政策或修法的重要依據。[31]

　　另外，美國國務院在2001年8月27日對經發會達成以「積極開放，有效管理」取代對中國大陸經貿「戒急用忍」政策的結論表示歡迎，並重申兩岸應以雙方人民都能接受的方式，透過對話和平解決歧見。[32]

　　但是，儘管台北樂觀，美國歡迎，經發會的結論仍然沒有獲得北京的共鳴，在台北經發會甫告結束之後，路透社曾在8月27日設法尋求中共外交部、對外貿易經濟部以及國務院的回應，但均遭到拒絕來立即發表評論。直至二天後，也就是8月29日，具有官方立場的新華社，發表了一篇題目為「戒急用忍早該放棄，一個中國不可迴避」的評論員文章，內文中雖肯定經發會為擺脫李登輝「戒急用忍」政策的壓制，促進兩岸經貿關係發展，付出了極大的努力。但是文中

也提到，如果台灣以為可以用只談經濟問題，迴避一個中國原則和「九二共識」，那是不現實的，也是辦不到的。[33]

二、勇於制訂或擬議突破過去傳統束縛的政策

（一）開放大陸記者常駐台北

　　行政院陸委會與新聞局，於2001年5月10日下午舉行聯合記者會，共同發布「大陸地區新聞人員來台駐點採訪」相關規則，規定大陸記者駐點時間每人每次以一個月為限，活動地區以大台北為主，初期開放對象，以大陸「少量」的全國性媒體為原則。

　　陸委會副主委陳明通以「只許成功，不許失敗」形容這項兩岸新聞交流的新政策。他說，進一步放寬大陸記者採輪流駐點的方式，來台作較長期的採訪，是希望增加大陸記者接觸台灣的機會，如能帶動良性循環並確立遊戲規則，兩岸可正式協商「互派記者常駐」。[34]

　　但是開放的結果不盡然如大陸所願，一方面是台灣前往大陸駐點的記者確與陸委會核准來台的大陸記者在人數上不成比例，而另方面也是陸委會對大陸記者來台執行業務上仍有所限制。例如，到了2000年11月陸委會才允許大陸媒體只能有四家駐點採訪，加上在2001年7月批准中新社取代新華社採訪，導致新華社持續半年在台的採訪任務因而中斷，因此中共國台辦新聞局曾多次抨擊陸委會拒絕新華社赴台駐點採訪的作法是違反兩岸新聞交流不設限的精神。[35]雖然陸委

會在採「總量控制」程序上有其一定之規範，但也曝露出陸委會對敏感的新聞採訪核准問題事先考量的不周。如何讓法定程序與採訪自由不會形成衝突，甚至避免開放大陸記者常駐台北的美意被對岸扭曲，陸委會在這項政策上尚須有調正的心態。

（二）實施外島「小三通」措施

金門與馬祖向大陸對岸的廈門與馬尾定點直航的小三通，經陸委會規劃設計後，於2001年1月1日正式啓航。但是首日自金門開出的船隻並未順利抵達彼岸，直至1月2日才算有船隻自金門直航廈門。

陳水扁總統在「小三通」實施之前四天曾認爲小三通的實施，不是如某些在野黨立委所言只是除罪化而已。陳水扁強調，三小通具有促進兩岸和平關係的積極功效。他說，雖然只是很小的一步，但也是新政府具體的一步，他要求新聞局應該多多對外宣傳小三通的積極意義，不能只是侷限在除罪化的消極面上。[36]

而當時擔任行政院長的張俊雄在小三通實施前十日的行政院會中也指出，小三通是我國加入世界貿易組織（WTO）與未來大三通的一個前奏曲，是表達我方對中共「很重要」的一個善意。張俊雄說，雖然中共方面對小三通的反應是比較冷淡，惟這是我們五十多年來邁出很重要的一步，各部會要通力合作，讓小三通成功。我們也藉此機會向中共及全世界表達，我們的善意不是只有口惠而實不至。[37]

陸委會副主委林中斌在2001年4月13日例行記者會中曾

發布有關航班、人員、貨物往來之統計數字：

　　航班：不定期航班往來已進行21航次（其中金門14航次，馬祖7航次）。人員入出境：金門民眾實際赴大陸地區參訪逾1400人次，馬祖地區超過800人次（重要案例：「馬祖天后宮兩岸首航平安進香團」、「金門與廈門通航金門縣訪問大陸團」及「旅居大陸福建地區金門鄉親訪問團」等）。

　　貨物進出口：3月底首航大陸貨輪「博運二二一號」由漳州載運砂石順利抵達金門料羅港。[38]

　　不過，林副主委並沒有提及航次往來的船隻有多少比例是由大陸船隻航行，而人員出入境方面也沒有對岸人民前往金馬的數字，至於貨物進出口只提及一艘自大陸載運砂石停靠金門的船隻，至於雙邊的貿易額多少則未見提及，顯見開放小三通的各項成效並不如預期。而且，在小三通實施兩週年之際，由銘傳大學主導的一項民調也發現，金門民眾是對小三通的措施給予58.6分不及格分數。同時，超過半數受訪者更認為小三通對金門經濟沒有或根本沒有幫助。[39]

　　不過小三通仍有其貢獻層面，2003年春節期間，極具台商返鄉的運輸功能，統計十天運輸期間可提供60個來回班次，共可運輸14,000位乘客。另外，在2003年1月，台灣報紙與雜誌經台北當局同意也可經由小三通登陸，節省不少平面出版品的成本。[40]

（三）規劃推動兩岸城市交流

　　陸委會主委蔡英文於2001年2月23日在立法院答詢時指

出，政府將全面開放兩岸城市交流政策，預計2001年上半年可以完成；蔡英文指出，政府目前正通盤檢討台灣與大陸城市交流政策，將大幅調整現行「點」的開放政策，未來朝全面開放規劃。[41]目前，台北與上海的「城市論壇」已順利啓動，不過，這項方案推動在台灣方面是有台北市政府投入的努力痕跡。雖然還是可以看出新政府嘗試盡一切可能去鬆綁法規，但是一段陸委會與台北市政府的爭執，也使得外界對陸委會有意推動「兩岸城市交流」的誠意打了一點折扣。

（四）鬆綁「戒急用忍政策」，代之以「積極開放，有效管理」

陳水扁總統在2000年12月31日「跨世紀的談話」中曾指出「過去政府依循『戒急用忍』的政策有當時的背景及其必要，未來我們將以『積極開放，有效管理』的新視野……爲台灣新世紀的經貿版圖做出宏觀的規劃，並且逐步加以落實」。稍後，陳水扁總統在2001年2月16日補充說明之所以鬆綁「戒急用忍」政策，是因爲兩岸同時加入世貿組織後，低關稅與資本的自由流通，勢必衝擊台灣現有經濟秩序，因此新政府勢必以「積極開放、有效管理」政策取代。[42]而陸委會蔡英文的解釋只是認爲：企業有必要進行大陸投資，運用大陸人力資源及資源及大陸市場來提升全球運籌及國際競爭的能力，政府已針對現行大陸投資規範進行通盤檢討，「戒急用忍」政策所彰顯「根留台灣」的精神，對於穩固台灣經濟、避免產業過度外移有積極的效果，但盱衡近年來兩岸經貿情勢的發展，有必要適時加以調整。[43]

2001年8月26日，經發會兩岸組更是達成結論說：「大陸投資『戒急用忍』政策改為『積極開放，有效管理』」。鬆綁「戒急用忍」政策，固有時空環境轉變後的需要，但陳水扁執政團隊肯放棄意識型態，不堅持過去錯誤政策的持續，就有其值得肯定的一面。

但是，有關鬆綁「戒急用忍」的措施在經發會召開之前卻是遲遲未予以執行，陸委會經濟處長傅棟成在2001年6月29日指出，鬆綁「戒急用忍」的調整方案已經完成，但是具體實施時機與方式，因涉及國內經濟情況與兩岸互動，政府將再作周延考慮，不過傅棟成也說明，從最近一年來台灣赴大陸投資的數據仍持續成長，並沒有減緩來看，目前應沒有急迫大幅調整戒急用忍的必要。[44]

不過真正的原因恐怕不是陸委會經濟處的辯解，而在於兩岸之間的政治障礙，行政院秘書長邱義仁曾表示：戒急用忍涉及的問題，不是台灣片面要如何就如何，中共設定很多的條件，包括「一中」，加上戒急用忍政策也涉及到兩岸要協商的問題，如今協商無法進行，兩岸都要面對、檢討。[45]稍後，經建會主委陳博志更是明確的指出：兩岸往來須在維護國家尊嚴安全，發展台灣優先前提下進行，如果對岸設定條件，違反我們前提，即使經發會達成放寬兩岸經貿往來的共識，政府也不會鬆綁。[46]

新政府這樣的政策考量，與原先陳水扁所提出的「積極開放」宣示差距不僅甚大，甚至於也顯示出新政府大陸經貿政策的考量仍然是以「政治掛帥」，而非他們經常掛在嘴邊所說的「讓經濟歸經濟」。目前經發會的結論已經出現，陳

水扁也力保說，經發會的結論不容許行政官員反對或批駁，是否能最後落實「積極開放，有效管理」，還有待時間來證明。

(五) 開放大陸人民來台觀光

為因應兩岸新局勢緊繃及活絡國內旅遊市場，行政院陸委會自2000年8月即針對開放大陸地區人民來台觀光進行可行性之評估。行政院長張俊雄並於同年10月20日在立法院院會答覆質詢時表示，政府預定於2001年6月開放大陸地區人民來台觀光。[47]接著為了於法可據，立法院亦於同年12月5日修正通過「台灣地區與大陸地區人民關係條例」第16條第1項條文：「大陸地區人民得申請來台從事商務或觀光活動，其辦法由主管機關定之」。不過這項政策並未如張俊雄預言在2001年6月30日或如陸委會所說的在民國90年7月1日正式實施。不過官方不承認這是政策「跳票」，陸委會經濟處處長傅棟成就說，陸委會已在6月底如期完成評估規劃方案，至於具體的實施時間表，則將由行政院作政策決定。不過民進黨立委王拓多人，早在6月20日舉行公聽會時，已先針對陸委會表示6月底才能完成規劃方案的說法，批評政府是「信口開河」，而且認為7月1日開放大陸人民來台觀光的承諾必然注定跳票。[48]

雖然這項政策沒能如期實施，加上基於國家安全理由，在初期不會作出大量開放的措施。但是這項政策已是兩岸交流以來，台灣作出最突破過去傳統作法的一次。陸委會已於2001年7月5日發布「開放大陸地區人民來台觀光政策規劃及

推動」說帖並且指出，政府已完成「大陸地區人民來台從事觀光活動許可辦法」草案，大陸人士來台觀光將採「總量管理」方式循序漸進，並以「團進團出」模式進行。[49]

　　雖然目前開放大陸人民來台觀光的作業仍在部署之中，不過對岸對此政策是否會予以配合並給予支持，而且能在兩岸不需經過協商程序而有圓滿的結果，將是這項政策最後是否順利開放的關鍵所在。

（六）準備修改「兩岸人民關係條例」不適時之條文

　　兩岸人民關係條例自1992年發布後，為因應兩岸情勢變遷，已經過六次修正，但是因應加入WTO後衝擊，該項條例不得不於事前作通盤修正。陸委會主委蔡英文2001年4月25日表示，目前陸委會仍在針對兩岸因交流所衍生的問題進行分類整理，以釐清日後兩岸人民關係例修訂方向。由於涉及的層面廣泛，因此她預估，可能必須等到下一屆立委的任期內才能完成修法。對於修法的可能方向，蔡英文表示，主要還是經貿方面的條文，因為以前制訂兩岸人民關係條例時，主要還是用民事的觀念來處理兩岸間的商業性問題，並沒有一組完整的經貿法規。透露出新政府正在評估，是否還需要針對兩岸經貿往來，訂定一套完整的專門性法規。同時這也顯示出陸委會仍對日後的因應措施預作準備。[50]

（七）積極擬議開放直航與三通

　　新政府最早提到要檢討「三通」問題的，是在陳水扁總統就職後第二天前往外島金門巡視時。他強調，在國家安全

獲得確保的前提下，新政府將依照市場法則，秉持互惠和比例原則，檢討「三通」政策。他認為在兩岸都要加入WTO的此刻，「三通」議題無法迴避，將來一定要與大陸展開對談和協商。[51]此後他也提到多次需要直航的看法，譬如說2003年1月1日「元旦祝詞」，陳水扁便建議推動直航為兩岸協商首要的議題。[52]

陸委會主委蔡英文也在2000年5月22日表示：「陳水扁總統於週日視察金門時重提兩岸三通，是表達我方的「意願」和新政府的施政重點。至於年內能否實現，由於牽涉層面相當複雜，且非單方面所能決定，她希望能和對岸儘快坐下來談三通細節。」蔡英文指出，「兩岸三通」本身帶有很多條件，國家安全是其中考量因素之一。新政府正在思考國家安全與兩岸三通之間的措施調整是否有相容性。其次，雙方願意坐下來談，才有辦法繼續推動該項政策。[53]

不僅政府高層如此表達，即使過去對三通不持正面看法的民進黨也在2002年10月1日，正值北京當局慶祝其建國五十二年週年之際，在中常會討論「兩岸人民關係條例修正草案」後決議，政府應積極評估規劃落實兩岸直航，在確保不被矮化、地方化、邊緣化的前提下，考量彈性協商方案。[54]

從上述陳水扁與蔡英文談話以及執政的民進黨決議得知，新政府是有意開放三通，但由於三通涉及層面較廣，所以必須與對岸協商與談判。2001年8月26日結束經發會，也在結論中提及「整體規劃兩岸『通航』，在兩岸簽署『通航』之前，擴大『境外航運中心』功能及範圍」，至於兩岸直接通商、通郵等業務，則配合加入WTO進程一同進行。但是一

且通航觸及談判，必然要面對北京提出「一個中國原則」的問題，於是，新政府原先規劃要開放「三通」的事宜又回歸到保留的態度。最顯明的例子就是在2002年7月7日面對中共副總理提出「只要把三通視爲國內事務，就可儘早實施的談話」，陳水扁就很嚴肅的表示，「這是不可以的」。他認爲，大陸如果把三通視爲「國內事務」，就是一種預設前提。[55]其實陳水扁反對兩岸談判不應預設前提可以理解，但是在這裡他所反對的，恐怕更多是心態上不願接受「一個中國」的框架。因爲當錢其琛再次提出三通可定位在兩岸航線，甚至連一中原則與國內事務前提均可擱置不談時，[56]陳水扁則非常清楚的說明，「兩岸直航並不等於兩岸直飛。所謂兩岸直航不是直線飛行，我們必須兼顧國家的安全與台灣的整體利益」。[57]其實，同意考慮開放「三通」可以證明陳水扁對問題的瞭解，瞭解到三通恐非「三不」原則及兩岸人民關係條例的限制所能阻止。但可惜的是，面對談判的核心問題無法有效解決，遂導致了陳水扁大陸政策有所正面積極建議本能發揮的「善意」效果，全盤崩潰。

不過，時序接近2004年大選之際，陳水扁在一場與媒體總編輯茶敘時，提出了「兩岸直航三階段說」，並具備確立了三個階段的任務與目標：第一階段是「準備」，兩岸應務實面對貨運便捷化措施。第二階段是「協商」，在2004年大選後展開兩岸直航談判。第三階段是「實現」，希望在2004年底之前可循序推動落實直航。[58]儘管民調顯示台灣民眾大多不信直航可在2004年底之前兌現，而且北京的回應也認爲陳水扁的直航談話有選票考量。[59]不過行政院仍在陳水扁的

談話後第二天，公布一份「兩岸直航技術評估報告」，其中國防部主張空運直航飛機禁止跨越台灣海峽，須循原有的國際航路飛航，同時以「定點」、「定線」、「定時」原則，採先南、後中、再北。循序漸進方式實施。[60]另外行政院陸委會也在稍後宣布，在不違反現行兩岸航空貨運政策架構下，推動兩岸「一機到底」的間接貨運包機，自2003年9月25日起實施一年，以兌現陳水扁在直航談話第一階段「貨運便捷化措施」的承諾。[61]

　　這項直航政策是否順利推動甚至對兌現，考驗了陳水扁領導的民進黨政府，也考驗了兩岸關係的正面發展。

三、持續呼籲突破兩岸僵持，儘速恢復協商的建議

　　其實陳水扁有意藉由兩岸復談，兩岸領導人會晤以及兩岸軍事互信機制來突破兩岸目前僵持困局，其用心的痕跡是相當明顯。但是所有以上的建議又因雙方對「一個中國原則」是否應成為前提而有爭議作罷。也因此，陳水扁在這樣的努力當中，之所以不易為外人瞭解到其用心所在，最主要大家的焦點只集中在他是如何迴避一中原則，而忽略了他可能企圖以一些較具建設性的建議來緩和兩岸關係。

　　下面便是他一些積極主動的建議，值得來點出的是他確在用心，不過最後的成效卻並未顯著。

（一）呼籲兩岸恢復協商的談話

　　陳水扁於2001年2月10日接見美國前國家安全顧問史坦

波各時曾表示：「改善兩岸關係最好的方法是和平與對話，我們希望重啓協商大門，與對岸坐下來，就大、小三通或加入世界貿易組織後的市場開放等議題進行協商；但改善兩岸關係的關鍵非我方誠意或善意不足，而是對方的信心不足，至於美國能爲兩岸搭起一座友誼及和平的橋樑，促成兩岸領導人的對話。」[62]

同樣的看法，陳水扁也在同年稍早之時（1月12日）接見美國在台協會理事主席卜睿哲時也表示過，他說希望透過和平的方式來解決兩岸問題，台灣已做好恢復對話的準備，盼能重啓協商大門，也希望美國可扮演兩岸間的和平使者、平衡者與穩定者更積極的角色。[63]

不過以上所述在這裡也很明顯地發現，陳水扁的呼籲兩岸恢復協商，確有現象顯示部分是說給美國人聽的，而且還爭取美國的介入與支持。

至於顯示有意推動兩岸協商最強烈的一次跡象，是2003年1月1日的元旦祝詞，陳水扁在那次談話中特別替到兩岸有必要建立和平穩定的互動機構，由協商與推動直航及經貿議題邁出第一步。[64]從這次談話內容可見，當直航、經貿議題與台灣人民權益有關，陳水扁已知兩岸協商無法避免。

（二）兩岸領導人互訪的建議

陳水扁對這個話題給予人印象最深的是他在2001年5月18日就職週年電視談話裡，曾指出他有意參加今年在上海舉行的APEC高峰會議的願望，並說「除了經貿的議題外，個人也願意就兩岸人民關心的其他議題，包括『三通』的問

題，與江澤民先生進行直接的對話」。[65]其實，早在同年4月26日接受香港信報專訪時，陳水扁已說「歡迎江澤民主席、朱鎔基總理、汪道涵會長能夠有機會到台灣來，跟兩千三百萬台灣人民一起來分享我們經濟奇蹟與政治成就；沒有任何的預設立場，也不限時間與地點，我們隨時歡迎中共領導人能夠到台灣來。」[66]

　　但是，陳水扁也與李登輝主政時代一樣，對於兩岸領導人會晤場合還是設定在「國際場合」的建議，當然必遭北京反對而作罷。中共外交部副部長在上海便對此建議予以駁斥，所持理由便是1991年兩岸三地加入APEC時，即由APEC共同通過一份諒解備忘錄，對台灣參與APEC會議有所規範。[67]

（三）建立兩岸軍事互信機制

　　陳水扁最早有兩岸建立軍事互信機制的構想，是在2000年1月30日他在當選總統之前的「春節談話」，他當時指出，希望能夠從兩岸軍事人員互訪、演習告知、海上救援、設立熱線等措施做起，最終建立兩岸軍事機制。[68]接著陳水扁在2000年12月15日接見參加「二千年台灣安全：回顧與展望」學術研討會的外國學者時，也再次提到兩岸關係穩定是第一要務，為避免兩岸因彼此隔閡導致對軍事資訊不必要的誤解與誤判，兩岸有必要建立軍事互信機制。[69]

　　等到中美撞機事件發生後，他還在2001年5月10日主持幻象戰機換裝成軍的典禮上呼籲大陸當局，以海南島撞機事件為例，設置台海「信心建立措施」的重要性。[70]

註釋

1 請參閱2002年8月5日陸委會蔡英文主委記者會聲明及問答全文。

2 郭瓊俐，〈蔡英文：大陸政策以總統元旦文告爲準〉，《聯合報》，
　2001年1月23日，2版。

3 有關五二〇就職演說全文內容，請見本書附件一。

4 聯合報記者鍾年晃、陳敏鳳發自瓜地馬拉的報導，標題是〈陳總統
　提兩岸政策新五不〉，請見《聯合報》，2001年5月28日，頭版。

5 其中一個例子便是吳安家的一篇演講稿中便提到說：「儘管國內少
　數人批評陳總統對大陸當局讓步太多，但這些宣示穩定了兩岸關
　係，因爲陳總統『一次讓足』（包裹式的讓步，而不是一步一步讓）
　的決定使大陸當局吃下一顆定心丸，短期內不必再爲所謂『台獨問
　題』進行大規模的軍事演習，而改採『聽其言，觀其行』的柔性策
　略。」見吳安家，「陳水扁的大陸政策觀」。

6 中國文化大學大陸所所長高輝教授在2001年6月29評論本文時所給予
　的意見。

7 《2000年中國的國防》白皮書，於2000年10月16日發布，在第二節
　「國防政策」中，有段文字是說「如果台灣當局無限期地拒絕通過談
　判和平解決兩岸統一問題，中國政府只能被迫採取一切可能的斷然
　措施，包括使用武力，來維護中國的主權與領土完整」。可自新華網
　擷取全文內容。請見新華社網址：http://big5.xinhuanet.com。

8 有關2000年12月31日所發表的「元旦祝詞」，請見本書附件三。

9 北京社科院台研所副所長余克禮表示，陳水扁在談話中一方面表示
　要回歸憲法，卻提出「未來一個中國」的說法，根本前後矛盾，顯
　然缺乏誠意。見《聯合報》，2001年1月1日，2版。

10 陳水扁發表「統合論」之後。行政院新聞局經與國安會、陸委會等
單位商議多時後，決定採用「INTEGRATION」的英譯，據聯合報
的內部消息分析，對此英譯，總統府方面並未予干預，僅提示一項
原則，就是翻譯內容不可以讓人有「統一是唯一選擇」的聯想，請
見《聯合報》，2001年1月5日，2版。至於陳水扁本人則說，大家看
「統合論」時，不要只看報紙的標題，要看「我的作法與實際內
容」，見彭威晶，〈陳總統：統合論，絕不忽略人民意志〉，《聯合
報》，2001年1月16日，13版。但是稍後，陳水扁又說，政治統合的
新架構，不論是邦聯、聯邦、國協及歐盟模式，都必須依照中華民
國憲法，維護主權尊嚴及台灣安全與和平前提下，尋求穩定的兩岸
關係，見《中國時報》，2001年2月23日。以上三段引述，很難斷論
陳水扁的「統合論」到底是什麼方向，只有陸委會主委蔡英文，說
了一句雖然沒有結論但還算讓人瞭解的話：政治統合的概念與統
一、獨立、維持現狀等三個選項，「並沒有必然相互排除的關
係」，但政治統合是否可作為選項，仍有保留空間，同時，兩岸政
治統合論，可以是兩岸關係發展的一個方向、過程，也可以是目
標，見《中國時報》，2001年1月20日，4版。由於大陸政策在政府
最具權威來闡釋的兩位人士，都不能說得清楚，也因此外界反應就
不能定於一尊。大陸學者陳孔立就說，作為兩岸關係發展方向，
「統合」的含義是相當模糊，顯然「統合」有別於統一，根本的區
別可以有兩種：（1）如果「統合」是走向統一過程中的一個階
段，則是朝向「合」的方向；（2）如果把「統合」和統一對立起
來，只有統合，沒有統一，那就是朝「分」的方向。陳孔立的看法
是2001年1月5日透過傳真給新黨作為一項座談會的書面資料。至於
台灣內部，傾向統派的人士當然指的就是「統一」方向，如新黨座

談會的結論便是，見《中國時報》，2001年1月6日，4版。但是民進黨立委則認為，經過幾次修憲，已落實中華民國是立憲主權國家，他說如果統合論如同歐盟的整合模式，國與國之間各交出部分主權，並且在互惠狀況下共享部分主權，則應該也是可以考慮的模式，見《中國時報》，2001年1月5日，4版。在美國洛杉磯西方文理學院政治系主任季淳則說，「政治統合」指涉的是「統一」還是「整合」，至少它指的不是「獨立」。見《聯合報》民意論壇，2001年1月20日，15版。中研院歐美研究所「歐盟研究小組」成員張亞中則在民進黨社發部一場小型演講會中，建議民進黨不要用「統中有獨，獨中有統」來解讀「統合」，用「分中有合，合中有分」可能更容易被接受。見《中國時報》，2001年1月5日，4版。

11 有關「一邊一國」主張在本書第四章中有全盤分析。

12 有關「跨世紀中國政策白皮書」全文內容，請上網http://www.futurechina.org/links/plcy/dpp/dpp19991115.htm。

13 陳水扁在2001年5月5日接見日本自民黨眾議員綿貫民輔訪問團時表示，在兩岸對等、和平方式解決爭端，對未來不預設方向等三原則下，台灣願意與中共重新展開對話，並在這個基礎上簽訂任何協議與和平條約，見《中國時報》，1999年5月6日，頭版。

14 有關陳水扁2001年5月18日就職一週年之談話，以及2003年1月1日元旦祝詞的全文內容，可參閱本書的附件七。其實陳水扁類似的談話，在2001年5月10日於高雄佛光山與台灣媒體主管茶敘時，也有提到這方面看法，他說：「兩岸關係未來如何開展，絕對要符合三大原則：第一，民主；第二，對等；第三，和平。」請見中央社發自高雄全部問答的全文，《聯合報》，2001年5月11日，4版。

15 亞洲華爾街日報的專訪內容中，陳水扁曾說，"Equalityis an

inviolable principal of dialogue between China and Taiwan." 陳並說：
"Equality means being equal." "There should not be one person who is
the center, one who is local; one person is master, one person is his
servant." 請見Peter Stein and Erik Guyot, "President Tackles Taiwan's
Concerns——Relations With U.S. and China Bring Out the Statesman in
Chen," *The Asian Wall Street Journal*, May 10, 2001, p. 1.

16 此為陸委會副主委陳明通在中央日報《紙上座談》專欄上主講的內
容，請見記者洪儒明整理的文稿，〈扁政週年大陸政策回顧與前
瞻〉，《中央日報》，2001年5月27日。

17 《中國時報》曾將陳水扁接受《洛杉磯時報》專訪的部分內容予以
轉載，有關論文中引述的一段看法，可參考《中國時報》，2000年3
月23日，2版。原文是："Although Chen said he would be willing to
discuss with Beijing the idea of 'one China', he rejected Chinese
President Jiang Zemin's assertion this week that Taiwan should embrace
'one China'as a precondition for talks. If Taiwan accepted Jiang's idea,
he said, 'it would be very difficult actually to enter into discussions
(with China) on an equal basis.'" 請見Jim Mann, "Taiwan's New
President Backs Sino-American Trade Politics: Chen says he wants the
island and mainland to both gain entry into the WTO and improve cross-
strait ties," *Los Angeles Times*, March 22, 2001. p. A1.

18 陳水扁是在就職後首次出訪中南美邦交國過境洛杉磯時對前往迎接
的美國AIT理事主席卜睿哲所發表的看法，請見《中國時報》，2000
年8月15日，14版。

19 2000年3月20日陳水扁以總統當選人的身分，在拜會其大選時期擔
任國政顧問團成員長榮集團總裁張榮發時發表了這樣的看法，請見

《中國時報》，2000年3月21日，頭版。

20 （1）2000年3月17日陳水扁在最後一場選舉造勢活動中，向支持群眾提出「五大保證」，其中之一便是追求台海兩岸永久和平，參見《中國時報》，2000年3月18日，2版。

（2）陳水扁在當選記者會中就強調「追求台海永久和平是總統的使命與天職」，《中國時報》，2000年3月19日，2版。

（3）在哥斯大黎加，陳水扁與哥國總統均認為，國家元首要維持國家社會安全與安定，做到「避戰」，不可發生戰爭，這是作為國家領導人的重責大任與道德義務，《中國時報》，2000年8月21日，頭版。

21 有關江八點與李六條之全文內容，均可參考邵宗海，《兩岸關係：兩岸共識與兩岸歧見》。台北：五南出版公司，1998年。

22 五二○演說內容的全文，請見本書附件一。

23 請見中國時報發自聖多明哥市的報導，2000年8月18日，頭版。

24 （1）陳水扁在接受美國紐約時報訪問時特別提出 "The KMT government made unification the only possible conclusion for Taiwan's future, the only resolution of cross-strait relations." said Mr. Chen. "This way of handling it is contrary to public opinion." 請見 Mark Landler 發自台北的報導，*New York Times*, September. 2, 2000 section A. p. 3.

（2）有關陳水扁在2000年9月22日接受美國CNN的專訪時有關談到統一不是唯一選項的看法，請見林晨柏，〈陳總統：兩岸一定會進行政府間對話〉，《中國時報》，2000年9月23日，頭版。

25 林晨柏，〈陳水扁：邦聯制取代兩國論有很大討論空間〉，《中國

時報》，2000年4月22日，頭版。

26 林晨柏，〈陳水扁：只要一中不是原則，聯邦、邦聯、國協都可談〉，《中國時報》，2000年4月23日，頭版。

27 鍾年晃，〈陳總統：七成台灣人不接受一國兩制〉，他指出：說的話都被中共用比較偏頗的角度去解釋，而不能以建設性立場來想」。《聯合報》，2001年6月19日，13版。

28 鄭漢龍，〈大陸學者評估民進黨執政一年〉，《中國評論》，第41期，2001年5月號，頁42。

29 此為引述中央社記者周慧盈報導的全部結論內容，請參考中央社網址http://www.cna.com.tw/。

30 陳水扁是在2001年8月31日接見日本眾議員加藤紘一、園田博之及加治屋義等所表達的，詳細內容可參考中央社網站http://www.cna.com.tw/。

31 陳水扁在經發會開幕典禮上所發表的這一段說辭，請查總統府網站http://www.oop.gov.tw/1_president/index.html。

32 美國國務院看法是應台北聯合報記者張宗智的詢問而表示，請見《聯合報》，2001年8月29日，2版。

33 路透社的消息係參考美國世界日報之轉載，《世界日報》，2001年8月28日，頭版。新華社的看法係由美國世界日報之轉載，請參考《世界日報》，2001年8月30日，頭版。

34 羅嘉薇，〈大陸記者駐點，限定大台北〉，《中國時報》，2001年5月11日，請見中國時報網站：http://news.chinatimes.com。

35 〈國台辦：兩岸新聞交流嚴重失衡〉，《聯合報》，2001年7月19日，13版。

36 詳請參閱，〈小三通具促進兩岸和平積極功效〉，《金廈郵報》，

2000年12月27日，請見金廈郵報網站：http://home.pchome.com.tw/internet/kinxiaep/

37 請參閱，〈政院發布小三通說帖〉，《工商時報》，2000年12月21日，請見工商時報網站：http://news.chinatimes.com。

38 請參考行政院大陸委員會新聞信，2001年4月16日出版。

39 有關這項民調結果，可參閱《中央日報》，2002年12月28日，6版。

40 小三通航班次數訊息，可參閱《中國時報》，2003年1月10日，13版。另外台灣報紙可經小三通登陸訊息，可參閱《中國時報》，2003年1月16日，頭版。

41 請參閱，〈兩岸城市交流將全面開放〉，《聯合報》，2001年2月4日，請見聯合報網站：http://udnnews.com。

42 請參閱，「總統說將以積極開放有效管理規劃新經貿版圖」，中央社，2001年2月16日，請見中央社網站http://www.cna.com.tw。

43 詳請參閱，「蔡英文：檢討戒急用忍建構機制，促使資金回流」，中央社，2001年2月2日，請見中央社網站http://www.cna. com.tw。

44 王銘義，〈開放大陸人士觀光，調整戒急用忍跳票〉，《中國時報》，2001年6月30日，2版。

45 〈邱義仁：我們不能接受中共的「一中」〉，《聯合報》，2001年6月20日。

46 傅棟成的說法，見王銘義，〈開放大陸人士觀光，調整戒急用忍跳票〉，《中國時報》，2001年6月30日，至於民進黨立委王拓等人的說法，見凌佩君，〈立委痛批信口開河〉，《聯合報》，2001年6月21日。

47 李志德、郭瓊俐、林新輝，〈大陸人民來台觀光，六月前試辦〉，《聯合報》，2000年10月21日，頭版。

48 詳請參閱，康彰榮，〈三通問題盼與中共儘速坐下來談〉，《工商時報》，2000年5日23日，請見工商時報網站http://news.chinatimes.com

49 楊羽雯，〈大陸人來台觀光，採總量管理〉，《聯合報》，2001年7月6日，4版。

50 詳請參閱，林則宏，〈陸委會擬制定完整兩岸經貿法規〉，《中國時報》，2001年4月25日，請見中國時報網站，http://news.chinatimes.com。

51 詳請參閱，李金生，〈陳總統：兩岸勢必要談三通議題〉，《中國時報》，2000年5月22日，請見中國時報網站http://news.chinatimes.com。

52 陳水扁總統元旦祝詞內容請查總統府網站，網址http://www.president.gov.tw/php-bin/decse/showspeek.ph4

53 詳請參閱，康彰榮，〈三通問題盼與中共儘速坐下來談〉，《工商時報》，2000年5日23日，請見工商時報網站http://news.chinatimes.com

54 《中國時報》，2002年10月2日，11版。

55 陳水扁在2003年7月7日結束在非洲馬拉威的訪問行程，轉往史瓦濟蘭，在赴機場前夕，舉行了一場記者會，在回覆記者問及錢其琛建議時所表達的看法，請參閱《中國時報》，2002年7月8日，頭版。

56 錢其琛這番談話是在2002年10月16在中南海紫光閣會見聯合報系所表達。錢其琛對於直航的看法是：三通定位在兩岸航線，推動三通是兩岸人民共同願望，無關台灣下屆總統大選，十六大不影響對台的一貫政策。詳見《聯合報》，2002年1月17日，4版

57 陳水扁是出席「九十二年大陸台商協會負責人春節座談聯誼活動」

所作的表示，請見總統府網站，2003年2月10日新聞稿，http://www.president.gov.tw/php-bin/prez/shownews.php4。

58 有關陳水扁的直航談話，總統府網站並沒有提供全文內容，可參考2003年8月14日台灣地區所有重要報紙。

59 《聯合報》的民調有67%受訪者認為2004年底之前直航不可能，可參閱該報，2003年8月15日，A2版，至於北京國台辦則在全國台聯會一項活動中，提出直航與陳水扁爭取選票有關的看法。可參閱《聯合報》，2003年8月16日，A4版。

60 行政院各有關機關於2003年8月15日公布「兩岸『直航』之影響評估重要結果摘要」報告，可查陸委會網站，http://www.mac.gov.tw/big5/economic/dlink02.htm。

61 陸委會於2003年9月10日發布「直航貨運便捷化」措施之政策說明，請查陸委會網站，http://222.mac.gov.tw/big5/cnews/d1920910.htm。

62 詳請參閱，總統府網站2001年2月16日新聞稿部分，網址http://www.president.gov.tw。

63 詳請參閱，總統府網站2001年1月12日新聞稿部分，網址http://www.president.gov.tw。

64 2003年1月1日的元旦祝詞全文內容，請查總統府網站，網址http://www.president.gov.tw/php_bin/prez/shownews.php4。

65 請參閱「總統發表電視錄影談話」，2001年5月18日，網址http://www.president.gov.tw

66 香港信報執行總編輯對陳水扁的專訪內容，有部分摘要《聯合報》已予刊登，請見《聯合報》，2001年4月27日，4版。

67 于國欽發自上海之報導，《中國時報》，2001年6月7日，11版。

68 請見陳水扁兩岸關係春節談話（陳水扁對於兩岸關係的七項主張），請查詢民進黨網站：http://www.future-china.org.tw/links/plcy/dpp/abian20000130.htm。

69 請見總統府網站：http://www.president.gov.tw。

70 請見《聯合報》，2001年5月11日，5版。

第四章

陳水扁「一邊一國」主張的分析

第一節　陳水扁「一邊一國」主張的動機分析

綜合外界各種不同的動機解讀，應有一定程度的參考作用。但是作者若只從陳水扁宣示這種主張的會議背景及其用詞語氣的強調在逐一分析，發現還可增加下列幾項有關陳水扁「一邊一國」主張的動機原委。

陳水扁總統於2002年8月3日向東京世台會年會發表視訊談話時，有二段很重要而且清晰的陳述，不僅推翻了他就任二年以來台北大陸政策的基調，甚至於令人憂心的是，將可能徹底激化現階段尚未進入衝突及緊張的兩岸關係。

陳水扁第一個陳述是：「台灣與對岸中國是一邊一國，要分清楚」。這比李登輝在1999年7月接受德國之聲所提到「1991年修憲以來，已將兩岸關係定位在國家與國家，至少是特殊的國與國的關係」的「特殊兩國論」，更明確說出陳水扁內心對兩岸現狀的描述。

陳的第二個陳述是：「如果有需要，台灣現狀的改變要公民投票」。至於什麼是「台灣現狀的改變」，根據陳自己在講稿中的說法：「對岸中國講的所講一個中國原則或一國兩制，就是對台灣現狀的改變，我們不可能接受。」但是陳水扁這樣說法之背後，卻無意中透露出他對現階段台灣的「定位」，不論是否仍稱爲「中華民國」，是定在「獨」的位置。即任何改變台灣目前不統但「獨」的定位，必須經過公投程序。[1]

　　陳水扁的講稿，不管事後被形容是「脫稿演出」，或者這本就是他本人內心深處的坦露，實際上，這篇對世台會成員爲對象的講稿，就是他對兩岸現狀表達最明確的「認知」，也是他主導之下的大陸政策最基本的方向。他在二年前就職演說時所說的「台灣站起來」，以及加上世台會演講的最近三次所提出的「台灣要走自己的路」，[2]儘管外界因他模糊的說法而有不同的解讀。但是拜他「一邊一國」以及「公投立法」清晰談話之賜，終於了解陳水扁政府在過去二年對台灣民眾所講的話，就是要帶領大眾走向「台灣實質獨立」之路。

　　陳水扁爲什麼會有這樣的論述動機呢？根據美國商業周刊指出，陳水扁是有意投下賭注，顯然他有把握在國內政治競局下得分，但對中共來說卻會有挑釁到北京有意動武的談話。而且，這樣的嚐試也是讓甫告接任黨主席的陳水扁，能對執政的民進黨自今年12月北高兩市首長選舉中提高聲勢，當然不可否認的就像這份周刊所說，最近台聯黨向台獨基本教義派頻頻示好，李登輝頗有向陳水扁爭奪泛綠盟主的趨勢，進而遂讓頗感脆弱的陳水扁希望藉此強烈宣示讓北京的箭頭角度轉向他身上，自然有其道理。[3]

　　同樣的觀察也出現在華爾街日報的分析報導上。文中指出，陳水扁強硬的措詞是對他在國內政治競技場上有絕對的有利，因爲那不僅可團結泛綠陣營全力營造年底北高市長選舉上的聲勢，同時對明年即將到來總統大選前哨戰提早部署。[4]

　　除了上述的台灣內部政治生態與選舉因素可能導致陳水

扁提出「一邊一國」主張之外，根據紐約時報的報導，另外
一些國際環境與兩岸情勢的發展，也應是引發陳水扁這項談
話的動機所在。紐約時報這篇發自台北的分析文章就指出，
陳水扁的主張就是反映出儘管台北在最近兩年裡一直尋求以
外交方式的熱誠來與北京接觸，但是目前中共仍然拒絕承認
台灣存在的事實，以及繼續無意接受台北爲其談判對手的情
況。所以陳水扁設法讓中共面對海峽兩岸的現實，而且技巧
地告訴北京：台北仍然存在。更重要的是，台北極端重視美
中台三角不平衡的關係趨勢。而陳水扁的談話正好出現在北
京當局與布希政府的關係正在大力改善之際。[5]

　　在學術界也有不少專業人士就自己熟悉的領域提出反駁
或附和陳水扁「一邊一國」主張的觀點，其中比較特殊的是
前北京中國社科院政研所所長嚴家祺的說法，他除了認爲陳
水扁的宣示是爲了年底北高兩市選舉抬高民進黨的聲勢之
外，首要考量正也是陳水扁如何贏得後年總統大選。嚴家祺
在文中說「陳水扁深知在美國因素下，北京『對台恫嚇』政
策是反面的，1996年和2000年兩次台灣大選，正是北京的
『武嚇』、『文攻』，把李登輝和陳水扁先後推上了總統寶
座。陳水扁和李登輝都知道，江澤民是一個『欠缺大腦』的
皮球，拍一下，跳一下，拍得越重跳得越高，最嚴重的『拍
法』，就公開倡導『台獨』。」所以陳水扁的「一邊一國」主
張，就是爭取勝選連任。另外一個重要考量是陳水扁「要用
大陸眞實的威脅言辭和台灣在野黨的言論互相比較，來強化
他的主張。」也就是說，「陳水扁的目的是要台灣選民相
信，台灣在野黨與大陸共產黨『同聲唱和』。」[6]

　　第一，這項主張無異就是陳水扁理念最篤信之處。當一篇極具感性又具代表性的「視訊談話」需要涉洋重渡到日本發表，一向直言又不願矯作的陳水扁遂說出內心的話。其實在他擔任總統之前，陳水扁一直是台灣與中國是一邊一國的理念推動者。舉例來說，1992年5月，當時尚是立法委員的陳水扁，曾提出一份「中華民國與中華人民共和國基礎條約草案」，條文中最關鍵一點是主張雙方尊重彼此領土完整與主權獨立。[7]另外，在他1999年台北市長落選後曾發表的感言裡，陳水扁有提到「台灣與大陸」是兩個由華人組成的國家。[8]這樣的措辭雖然較前溫和，但是兩岸各自是以「國家」的定位卻是非常清楚。重新把兩岸應有的政治定位，來取代他就職之後一直模糊界定的看法，應是陳的談話首要動機。

　　第二，這樣的主張是陳水扁向世界台灣同鄉會成員在東京舉行年會時所發表的演講中宣示的。世台會的政治立場及其多年來追求的目標一直全力支持台灣獨立建國活動，陳水扁的談話在這樣場合中，若沒有一些應景或是迎合主辦單位立場的看法，似乎也難顯示這二者在過去幾年一直存有的良性互動。譬如說，2002年3月18日世界台灣人大會在台北三軍軍官俱樂部舉行年會，主題是「台灣正名，國家制憲」，陳水扁在當日晚間宴請該會成員時就指出，一定要堅持台灣優先，台灣為主體。他並疾呼：「拚經濟，拚外交，拚安全，拚台灣正名，拚憲政改革」的「五拚」。實際上在當日上午年會開幕致詞中他以針對年會主題說：「只要全世界台灣人團結起來，理想總會實現」。[9]

　　以上來說，陳水扁的「一邊一國」主張，當然是說出和

與會聽眾看法一致的內容。

　　第三，在講稿中，陳水扁特別強調說「台灣與對岸中國是一邊一國，要分清楚」，這也就是說，整句話的重點是主張在座台鄉會成員以及看到這篇講稿內容的人，要非常清楚去區分台灣與中國是兩岸各自獨立的主權國家，不容混淆。一般來說，這樣「強調」的語氣，只有對觀念非常清楚的聽眾才會作如此說明，而面對一群與陳水扁同樣瞭解台灣應在兩岸中是什麼政治定位的世台會鄉親，陳水扁如此罕見的「強調」，其實要引起共鳴、鼓動情緒的用意應該是斧鑿深刻。

　　不過所有外界的分析仍只是揣測，不管陳水扁是否將他的動機說清楚，他的解釋畢竟是最直接的告白。就在他表達兩岸一邊一國論後將近一個月時間即在2002年8月30日那天，藉著記者節與媒體相聚之便，他再度公開說明他對這個主張認為並不是「即興之作」的背景說明。

　　首先，陳水扁以三項背景來說明他「一邊一國」主張的源由：

❖以台灣決議文做為兩岸問題的最高原則，間接處理「台獨黨綱」。

❖台灣正名運動，不是他個人說了算，不同聲音要尊重。

❖三通或直航，台灣地位若被矮化，他作為中華民國總統不能接受。[10]

這些觀點說起來並不是完全沒有道理，而且陳水扁過去也多次重申，證明他在思考問題時並非只有個人的理念與目標，也有他角色的責任與對台灣這個多元社會的尊重。而且，當日他與媒體的談話，顯見他並非再藉機要重提一邊一國的論調，而是希望借助他的親口詮釋，說明提出這種論調的苦衷與背景。其中最重要的意義有三點。

1. 一邊一國的主張提出，是因應對岸要求三通或直航是「一個國家的內部的事務」，陳水扁認為他作為中華民國總統，要防止台灣因而被矮化或邊緣化。
2. 陳水扁說民進黨台獨黨綱是追求建立一個新的主權獨立共和國，主張交由台灣住民選擇與決定，所以這是「台灣公投」。但是「台灣前途決議文」，則是認為依目前台灣現狀而言應是中華民國，若要台灣獨立或與中華人民共和國統一，則是企圖要改變現狀，所以必須要「全民公投」。陳水扁在言談中多次強調他在意的是「改變現狀」。
3. 台灣要走自己的路，所以一切應由人民決定，不是總統或執政黨主席可以操控。陳水扁談起他的用意是用心良苦。

就背景解釋的用意而言，陳水扁無意再強調或凸顯「一邊一國」論調，只把重點放在為何提及這項論點的思考背景，讓台灣社會，或者對岸，甚至美國與國際社會來瞭解他談話的動機，基本上這份誠意是應被肯定的。

第二節　陳水扁「一邊一國」主張的內容分析

　　但是陳水扁的一邊一國論，事後認為與李登輝的特殊兩國論是有所不同；以及他把台灣現狀與中華民國劃上等號，均與目前台灣法律與事實現狀有所矛盾突。這應是陳水扁「一邊一國」論最需受到批判的地方。

一、「一邊一國」與「兩國論」真的有所不同？

　　當陳水扁的「兩岸一邊一國論」一出爐，民進黨中央即刻發布新聞稿，給予內涵詮釋，認為台灣是主權獨立國家，國號叫做中華民國，台灣從來就不屬於中華人民共和國，這就是「一邊一國」的涵意。[11]

　　民進黨中國事務部主任陳忠信則稍後「銜命」對外補充說，「一邊一國」是對兩岸現況作事實的陳述，「並不代表陳總統即將就要作什麼」。而且這也與李登輝的「兩國論」不同，因為後者是經過研究討論後的主張論調。[12]

　　民進黨中央的解讀以及陳忠信的補充，不僅讓陳水扁本來極具清晰的陳述開始變得有點模糊，而且還刻意主導讓民眾相信「一邊一國」是與「兩國論」有所不同。

　　首先值得好奇的是，「一邊一國」真的會與「兩國論」有所不同嗎？若將紀錄回憶到1999年7月，當時李登輝接受德國之聲專訪時是如此說的：「1991年修憲以來，已將兩岸

關係定位在國家與國家，至少是特殊的國與國的關係」。[13]這
種說法認爲它是主張論調既可，認爲它是事實描述亦可。與
陳水扁在8月3日所說：「台灣與對岸中國是一邊一國，要分
清楚」，同樣都可定位在主張論調與事實描述。

　　但是，民進黨對阿扁談話補充說明爲「事實描述」，以
區隔「兩國論」的「主張論調」，可能給予北京解讀時更提
供了挑釁的成份。因爲「主張論調」還可能是在目標尋求進
行中的程序，而「事實描述」則是說明已經完成而且存在的
目標。更何況李登輝的「主張論調」還刻意加上「特殊的」
形容詞，以預備日後解釋的空間。而陳水扁的「事實描
述」，則明白指出不管是「台灣」或「中華民國」的現狀是
處於「主權獨立國家」狀態，若要台灣改變現狀（即與對岸
整合統一）則必須經過公民投票的程序。所以再嚴格來說，
陳水扁比李登輝更「激進」的一面，就是台灣「獨」的定位
明確定位，至於要「統」則必須公投決定。

　　當然，陳水扁論調儘管自我認定是「事實描述」，仍有
法理上的不正當性。譬如說，憲法第四條領土條款儘管歷經
六次修憲後但從未更動，民進黨如何解釋憲政規範與事實描
述的差距？又譬如說，立法院制定的法律只將兩岸定位在
「台灣地區」與「大陸地區」，大陸人民入境還只能持入境證
（而非護照），總統的說法明顯與法律牴觸，那麼法律上的優
先性讓總統重大政策談話說了等於沒說，陳總統的「事實描
述」除了滿足個人快感之外還能有什麼？

二、台灣現狀真的等同於中華民國？

再就把台灣現狀與中華民國劃上等號而言，作為一個有法律背景的國家元首，陳水扁在背景詮釋所用的說辭，有些相當沒有正當性，而且欠缺法理的基礎。使得他原本具有濃郁的解釋誠意都會受到折損。我謹舉一、二例子來說明總統思考時欠缺法理的完整。

首先，按照現行憲法增修條文規定，「總統、副總統由中華民國自由地區全體人民選舉之」。這裡所謂「自由地區」在增修條文尚出現有相對的名稱是「大陸地區」。所以最後一條增修條文是稱「自由地區與大陸地區間人民權利義務關係及其他事務之處理，得以法律為特別之規定」。而立法院通過並經總統公布施行的「台灣地區與大陸地區人民關係條例」是依據這項法源而產生。所以在現行憲法與法律規範下，台灣不是一個主權獨立的國家，它是憲法上的「自由地區」與法律上的「台灣地區」。而對岸也不是陳總統所說「沒有否定或反對」的中華人民共和國，在憲法與法律定位層次上，對岸只是「大陸地區」。所以兩岸是「一邊一國」的說法，出自具有法律背景的陳總統竟是「沒有法律基礎的定位」。若謂1947年公布的憲法是國民黨產物，但別忘了「增修條文」可是民進黨也有背書的「結晶」。而且2000年的「政黨輪替」讓陳水扁挺進總統府，不就是依據增修條文的規範？

其次，由於憲法與法律均沒有定位「台灣是一個主權獨

立國家，它的名字叫中華民國」，所以嚴格來說，台灣的現狀在憲法上規範應是「一個名叫中華民國主權國家下的自由地區」。再詳細的說，現行憲法第四條領土條款至少還規定中華民國的疆域包括台灣與大陸，增修條文的前言更是明白的說「為因應國家統一前之需要……增修本憲文條文」，所以台灣的現狀是中華民國屬下的自由地區，若是改變現狀，應不涵蓋中華民國主導下的「統一」。但若是台灣尋求脫離中華民國的獨立，或被中華人民共和國吞併的統一，這才能在法律上稱為「改變現狀」。

陳總統強調的「現狀」是將台灣與中華民國劃上等號，如果不是其誤解憲法，就是他企圖誤導台灣人民。這當為護衛憲法者所不能苟同。

平心而言，陳總統一方面強調他是中華民國總統，但另方面又不得已要矮化或誤讀「中華民國」，主要當然是在法理規範與現實政治之間的無奈。但是，一位習法者，也是國家元首，應懂得尊重法律。要知「惡法亦法」，藐視法律不僅是貶損自己，也為百姓表率作了錯誤的示範。當陳總統在8月30日曾痛苦的指出：「我不希望外界再誤解，或是明明瞭解還要刻意扭曲，斷章取義我的說法」，[14]那麼對於陳水扁屢屢不尊重憲法的談話，是否外界也應向陳總統痛陳：「請不要再刻意扭曲現行憲法與增修條文」，只為了強調一個不存在的政治現實？

三、沒有脫離認定「台灣為一個主權獨立國家」的思考模式

在因應2000年總統大選之前，陳水扁曾公布了「跨世紀中國政策白皮書」，其中有一段話：「台灣是一個主權獨立的國家，依目前憲法稱為中華民國」，這就是他希望能夠凝聚國家定位共識下的思考架構。[15]這也是陳水扁提出「一邊一國」主張裡內容明確定位所在。基本上從這個理念出發的台灣，即使名字叫中華民國，它不僅與中華人民共和國互不隸屬，而且也與中國大陸隔分為二。

當然根據前述章節之分析，中華民國現行憲法（包括本文及增修條文）的規範，主權仍及於整個中國，台灣與大陸均為其領土的一部分。至於說台灣已是主權獨立國家，可能於法無據，而認為台灣「依目前憲法稱為中華民國」，可能也與現實不符。

不過，在台灣這種法律上的爭議並不會改變很多人的既定看法，主張統獨不同的說辭即使在辯論之後，必然還是有迴異的結論出現。在這裡舉出陳水扁有這樣的看法，並不在標誌他在統獨光譜上的立場，而只是在證實他內心裡的理想確實一直有這樣的看法。這同樣也可以理解他為什麼會提出「一邊一國」的宣示。

就依他五二○就職演說的題目「台灣站起來——迎接向上提升的新時代」來說，所謂的「台灣站起來」，依陳水扁本身的看法，就是「我必須以台灣是一個主權獨立國家的領導人的身分走入國際社會」。[16]這也就是說，陳水扁有更大傾

向是希望國際社會把他看成是「台灣」而非「中華民國」的
領導人。而這種「台灣站起來」的口號或說辭,陳水扁就在
不少場合提起過。

　　而且,在2003年9月6日台灣所舉行的「台灣正名運動」
遊行時,陳水扁因具總統身分刻意迴避參與遊行。不過在接
受媒體專訪時,他也坦承的說出「如果不是總統身分,下午
的遊行阿扁也想去」這段話,多少透露出內心的理念所在。
17

　　再以另外例子來說明,就是目前在台北外交部有意將現
行「中華民國護照」之下加蓋「台灣」兩字,以示識別。其
實台灣民眾前往國外,持中華民國護照有無入境困擾,確實
在早期引起爭論,不過重點不是國外類似入境絕單位不瞭解
我們護照本質,而在於申請簽證之時(當然也在入境之前)
對中華民國護照的不重視或採排斥態度。基本上這種態度不
管護照上名稱是什麼,只要台灣問題的實質存在是一樣會面
臨這樣困境。但是這幾年隨著台灣經濟起飛,持護照受歧視
的情況逐漸減少,而別人對待中華民國護照誤認為中華人民
共和國的情況在一般正常的國家入境處也應該不多見。但是
政府仍有意在護照上加諸「台灣」二字,主要在心理上,還
是希望凸顯「台灣是主權獨立國家」的圖騰。像陳水扁在
2001年6月18日接見民進黨立委時說,中華民國護照加諸
「台灣」字眼,讓國外瞭解中華民國與中華人民共和國的區
別,已經獲致高比例民意的支持,因此「勢在必行」。18這不
過是形式上的說辭。但是,陳水扁沒有說清楚的是,護照上
加諸「台灣」兩字,實際上是要凸顯「中華民國」與「中華

人民共和國」的區別，還是要凸顯「台灣」與「中華人民共和國」的不同。顯然後者才是主要企圖想去影響的結果。當希望台灣人民拿的護照被外國官方「認知」是來自「台灣」這個國家，次要的才是告知對方這不同於「中華人民共和國」護照，其實這種想法相當符合早年主張台獨運動者的阿Q心態。

最後，自陳水扁政府上台執政以後，在某些政策上比較傾向於採取些較狹隘地方或本土意識的措施，難免引發外界更多人的聯想。實際上陳水扁有心藉用「教科史書的台灣化」、「國語拼音的通用化」、「本土文化的全面化」、「母語教學的政治化」等作法，就是希望將台獨理念透由文化與教育的管道予以漸進實現。這種「本土意識」透過文化與教育的來傳遞與擴散，顯見陳水扁內心世界中仍無法脫離「建立台灣為一個與中國大陸沒有關聯的主權獨立國家」基本理念。而巧合的是，這也是陳水扁所宣示的「一邊一國」主張中最基本的理念。

第三節　兩岸與美國對「一邊一國」主張的評估

陳水扁對世台會年會所陳述的兩岸「一邊一國」與台灣「公投立法」的論調，當然馬上引發了台灣內部的爭議。但是對岸會是什麼回應，可能要基於北京將是如何解讀陳水扁的談話。如果解讀的結果是趨向於「負面的看法」，那麼兩岸情勢、國際環境，以及中共內部情況，都將影響或決定北

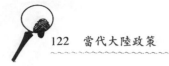

京對台要探取的動作。

一、台灣內部對「一邊一國」主張的反應與評估

　　陳水扁總統「一邊一國」的主張一出爐，在野的國親兩黨給予激烈的反應與負面的評價是可預期的。但是，就他們的談話內容來說也的確反映了台灣社會對一個因突如其來的政策改變而特有的意外與憂慮，國民黨主席連戰的看法是：台灣今天要拚經濟，要有安定和平的環境，不應轉移目標，逞一時之快，若眞正造成問題，不但是領導無能而已，還將帶來災害。所謂的災害，連戰的形容是「把兩千三百萬同胞安全和台獨火藥庫掛在一起」。至於親民黨主席宋楚瑜則是抨擊陳水扁的「一邊一國」主張，嚴重違背總統就職演說對全世界與全民的宣示，特別是「四不一沒有」的主張，完全破壞多數民眾要求兩岸維持現狀的主流民意。宋楚瑜認爲，台灣發展的價值意義，在建構完善的民主制度，不是將台灣重新推向「獨立建國」，打一場必須付出重大代價卻又無法預測結果的無謂戰爭。[19]

　　類似的看法並不全然反映在政治人物的談話裡，工商各界也有相同憂心的反應。宏碁集團董事長施振榮就認爲，很多是要水到渠成，未來大中國會是如何演變還不清楚，但是一邊一國早已是事實，沒有必要特意講出來，造成不必要的緊張，至少若百姓多是希望保持現狀。當然企業人士也有平和的看法，中小企業協會理事長戴勝通則說，陳水扁會如此談話應是以戰逼和的策略。不過戴說無論採取何種策略，台

灣在兩岸議題上的後盾，還是取決於經濟。[20]

　　就在社會各界包括媒體以一個較負面的角度來反映陳水扁的「一邊一國」主張之時，台灣的民意卻透過不同的民調表達了對陳水扁這類觀點的緩和。譬如說，對「一邊一國」主張，《聯合報》民調有47％贊成，TVBS民調也有54％認同，至於較具色彩的民進黨民調則有63％贊成。對於「公投決定台灣前途」的建議，則有更高的比例傾向於支持，負責各項民調機構的贊同率是《聯合報》59％、TVBS62％以及民進黨64.8％。不過在贊同之時，也有憂慮同時出現，譬如中國時報的民調就有高達64％的民眾憂心台灣的經濟因而受創，60％的民眾認為陳水扁的「一邊一國」主張衝擊社會民心。而且即便舉行公投，也有44％的受訪者不支持台灣獨立更改國號，這較於支持的29.7％為高，TVBS的民調也有相同的結果，就是50％不會贊成，而贊成獨立者只有36％。[21]

　　但是，民調的走向並不一定意味民眾對政策完全支持的真實性。一方面固然是因為陳水扁的主張反映了台灣民眾內心深處的想法，但在現實環境情況下又不願意真實坦露，只好借用陳的一席主張，舒坦下內心的共鳴。但是另方面，現實畢竟仍然存在，因而憂心還是表現無遺。這種矛盾的心態，在過去台灣經驗理應是屢見不鮮。譬如說1999年7月9日兩國論一出，民調的支持率可高達到六成以上，但是民眾對政策的信心卻是一瀉千里。當時台股從8550點起跌，在三天下挫1200點，單日最大的跌點高達506點，跌幅高達6.4％，幾乎是所有的股票都躺平，股市市值在一周內由11.6兆元快速萎縮到10.07兆元。國家元首的一句話，市值捧掉1.5兆

元，台灣的股民情何以堪，而台股又在7月底的全台大停電加速見底，累計在二十四個交易日台股共下跌1500點，當時7000點險失守。[22]而目前也是一樣，陳水扁的「一邊一國」宣示甫出，遭遇的第一日股市便下跌284點，台幣重挫1.02角。股市跌停家數超過450家，八大類股全面收黑，成為九一一事件以來最大股災。[23]因此要解剖陳水扁的談話，不從民調反應中尋求，而是從台灣角度去看問題。

所以，從台灣的立場來看陳水扁的講稿，它所透露的訊息是否有較以往任何時期來得「激進」，應是一個重要的檢驗點。

平心而論，在講稿中陳水扁提出台灣不是中國的一省，台灣不會接受一國兩制或一中原則，都是他在過去二年無數次談話中多次提及的。[24]北京或許不喜歡聽，但對台灣人民來說，即使不具得會具有共識，但已耳熟能詳。再就「敏感度」來說，也不致覺得陳水扁此番談話會觸及北京神經最脆弱的地方。

但是，就台灣內部的感受來說陳水扁的兩岸「一邊一國」論調，若比較1999年7月李登輝的「兩國論」則少了「特殊的」國與國關係的形容詞，在內涵上有「直接陳述」的味道。若再對照講稿上所說「台灣與對岸中國，一邊一國，要分清楚」的文句，那麼別說陳水扁已清晰地把話說得沒有一點事後可緩圓的空間。而且，即使包括大陸，兩岸任何一方已根本不需要猜謎式地去揣測陳水扁的「兩國論」還有什麼模糊解讀的地方。

至於他所說台灣需要「公投立法」的說法，也是非常清

楚的說明台灣現狀改變的基點，就在追求與大陸統一或建立
台灣共和國的時候，所以，陳水扁對台現狀的定位是「已獨
立在中國之外」，或者是「已脫離在中華民國憲法規範之
外」。因此，要改變台灣現狀要進行公投，不僅違反了陳水
扁在五二〇演說中保證過不會推動統獨公投的承諾，同時也
扭曲了過去外界一致認為只有在台灣要脫離中國時才需要公
民投票的認知。

二、美國對陳水扁「一邊一國」主張的反應 與評估

　　陳水扁「一邊一國」的主張一經提出，美國官方會是怎
麼樣的回應以及動作，當然極度為兩岸當局所關注。台北當
然希望這樣的論調能為美國理解與支持，因為在面對中共的
談判或接觸要求時，對台北來說這是最基本的對等需求。假
如這項論調即便不為美國所能接受，台北也希望美方的解讀
不至於與「挑釁」畫上等號。另方面，北京顯然也是非常在
乎美國對台北這項「測劑」的反應，深怕華府稍有不慎誤讀
陳水扁的談話，進而形成北京所不願意見到美方對兩岸定位
的結論。所以北京一方面要觀察美國的動向，另方面更要從
美國動向來部署自己下一步的動作。

　　不過，要得悉美國官方對陳水扁談話立即反應的第一手
資料顯然是相當困難的。根據《聯合報》與中央社派駐在華
府記者的報導，美國官方最初的反應大致可包括兩點：美國
事前並不知道；以及美國國務院只能重申其「一個中國」政
策並無改變。[25]

　　這一點反應的態度正說明了美國對陳水扁突然而來的談話深感震驚與意外，因為事先台北沒有告知談話內容，所以官方無法判斷這項談話的真實性與傾向，因此在慎重起見，只能一再重申美國支持一個中國政策的立場，不希望過多的評語引起節外生枝。

　　但是，美國學界對陳水扁談話直率的反應，像是華府著名智庫「戰略暨國際研究中心」（CSIS）設於夏威夷的「太平洋論壇」計劃室主任史坎德（Jane Skanderup）曾說「令人吃驚，難道與選舉有關」的談話[26]，以及美國主流媒體評論陳水扁的談話傾向台獨，譬如《紐約時報》認為「這是陳總統就任以來最接近支持台灣獨立的一次談話」與《華盛頓郵報》指出「這是陳總統對提升台灣與中國關係迄今最清楚的說明」[27]，都可以用來反映美國當局在首度得悉陳水扁談話之際那種感受與反應。

　　事實上稍後美國官員的正式談話，多少透露出他們在得悉陳水扁「一邊一國」主張時曾存有的疑惑與意外。下面兩個例子可以來佐證上述的談話：

　　範例一：美國副國務卿阿米塔吉在2002年8月8日，在與特地前往美國解釋「一邊一國」主張的台北陸委會主委蔡英文會晤時，特別希望台北今後在做重要政策聲明之前，能與美方磋商。阿米塔吉並認為，台灣需要向區域內的國家加強說明台北兩岸政策未變。[28]這種說辭通常可被解讀是：美國事前顯然並不知情，事後覺得有些「台獨」的疑慮，認為台北要向亞太地區鄰近的國家提出解釋。

範例二：美國白宮國家安全會議麥考馬克亦於2002年8月7日在蔡英文抵達華府訪問前三小時向外籍記者舉行的簡報會上表達「我們是『一個中國』政策，而且我們不支持台灣獨立」。而且在會上多次直呼「陳水扁」名字，未冠上任何「頭銜」或「先生」的稱謂，這是否意味美國對陳水扁談話事前未被告知之不滿不易證實，但是「不支持台獨」這番話的重申，特別在陳水扁「一邊一國」主張突出後的強調，可能有種美國對「疑慮」自清的立場。（特別是麥考馬克說「台灣公開強調陳水扁的談話不是尋求台灣獨立，他們如此解釋，我們也就相信他們所做的解釋」，顯得相當被動與消極。）據在場採訪的中國時報記者描述，麥考馬克在回答問題時，是逐字宣讀事先備妥的新聞稿，而且記者只是向他求證一個「是」或「否」的問題，可是他卻完整的說明美國政策，種種跡象都顯示白宮似乎有意藉這項簡報會傳遞信息。29

　　當然，陸委會主委蔡英文在2002年8月5日銜命前往美國說明陳水扁的談話並沒有改變台北的大陸政策是美國接受台北解釋的重要關鍵所在。蔡英文在紐約、華府分別會晤了智庫學者、國會議員以及重要官員，顯見在一些爭議問題上贏得了他們的理解。其中她曾晤見副國務卿凱利等國務院官員共進午餐，討論到改善美台雙方溝通的可能性。而最重要的，是蔡英文向美方強調：「台灣並沒有要獨立」。這應該是美國最需要自台北親口證實的訊息。30

　　美國顯然在最後是深信蔡英文的說辭，一項《聯合報》發自華府的報導，雖然引述一名沒有透露名字資深官員的談

話，不過其中內容的敘述仍有相當程度的可信性，這位資深
官員2002年10月10日接受專訪時說，就美國處理陳水扁總統
「一邊一國」談話的過程，提供了迄今最完整的官方說明。
整體而言，美國希望把陳水扁的八三談話視爲一個已經結束
的事件，也能接受台灣方面的解釋，但仍表明不希望類似意
外再度發生，影響美台之間「細緻且複雜的關係」。[31]

　　美國接受了陳水扁的事後解釋，只是說明了美台之間緊
張關係的解除。至於北京能夠不重蹈1999年對李登輝「兩國
論」的強烈反彈，當然有其國內外因素的考量，但是最重要
的還是美國即時表態，並對一個中國立場，不支持台灣獨立
態度做了相當明確的表示，才使得這場「一邊一國」談話本
來會引發一場軒然大波的事件，得以最後以平息收場。在這
裡，我們可以舉例一些談話的發展來說明：

1. 當陳水扁的「一邊一國」主張甫告出爐，白宮與國務
   院的發言人並未直接評論這樣談話，而是一再重申美
   國堅持「一個中國」政策和立場。[32]讓北京深表放
   心，特別是白宮國安會議發言人麥考馬克在簡報會上
   不僅重申一個中國立場，而且特別標明「不支持台獨」
   的態度，更令北京如吃下一顆定心丸。

2. 美國駐北京大使雷德，在8月5日午夜以前，也就是台
   北陸委會蔡英文對陳水扁談話做官方說明後，奉國務
   院之命，主動前往中共外交部保證布希政府的「一個
   中國政策」不變。同時，雷德也告訴北京當局「美國
   在台協會」台北辦事處處長包道格已用非常嚴肅的言

辭向陳水扁總統表達美國的關切。[33]

3. 接著美國副國務卿阿米塔吉於8月25日至27日前往北
　京對陳水扁的談話做美國立場的澄清時，特別在北京
　召開記者會上說：美國對台灣的關係是「基於我們的
　一個中國政策，三個公報以及台灣關係法」來進行，
　而且阿米塔吉被問及有關他是否與中共高層談及陳水
　扁主張時，又在一次強調繼白宮與國務院發言人後，
　美國立場是不支持台灣獨立。雖然在記者會之後，阿
　米塔吉再提到不支持台獨，並不代表反對台獨。不過
　他的強調是文字用法不同，而且他也是在被問到美國
　是否介入台灣問題最終解決方案才做如此解釋。[34]

　　最後則是2002年10月25日的布江會，布希在他德州農場
的家中，對來訪的江澤民說出他不支持台獨的看法。這種說
辭雖然經美國官方的重複使用，但顯然沒有布希總統親口的
談話來的重要，況且這也是繼柯林頓總統1998年在上海宣示
美國的「三不政策」以後，美國高層對「不支持台獨」立場
最明確的說明。[35]對北京來說，這當然中美之間對台灣問題
歧見有所改善的重要一步，對江澤民來說，更是他中共十六
大全退之前布希給予可面對歷史評價的最好禮物。

三、北京對陳水扁「一邊一國」主張的回應　與後續可能動作

　　這樣從台灣角度解讀的結果已是如此的清晰與明確，那
麼對於北京如何來分析這項訊息，已經不須有太多的贅述。

　　就如同對李登輝在1999年7月提出「兩國論」的反應一樣，中共對陳水扁這項說辭也是回應激烈，「文攻」幾乎可說是輪番上陣，連環出手。頗具有官方色彩，並反應中共中央觀點的《人民日報》，新華社有評論員及署名文章出現。而大陸涉台學者，也紛紛撰文或舉行座談，表達對陳水扁「一邊一國」主張的批判，不過，這也可以說是中共對台一旦有「台獨」言論出現時「一種例行的回應」而已。

　　儘管如此，在這些「文攻」的言辭中，還是有一些內容值得提出來作爲北京對陳的談話的反應補上註腳，其中由人民日報在2002年8月7日發表新華社評論員文章「危險的挑釁——評陳水扁分裂言論」這是這麼多的批判文章中的代表之作。在文中最重要的二項警訊，一是指名陳水扁與李登輝一樣，是一個兩岸關係與國際社會的「麻煩製造者」，另一是指陳水扁鼓吹「兩岸一邊一國」，透過公民投票實現「台獨」，則是「妄圖改變現狀，也把台灣從中國分割出去，將台灣推向戰爭。」[36]

　　另外比較具有份量的一篇，則是由中共「中國社會科學院台灣研究所所長」許世銓發表題爲「一份頑固堅持台獨立場的辯解書——評台灣陸委會8月7日說帖」的六千字長文。許文中最主要的論點，當然是對陸委會在說帖中爲陳水扁「一邊一國」主張的辯解逐條的反駁與批判，反映出大陸學界與官方一致反對陳的談話內容之外，連帶也不贊同陸委會提出來的辯解。不過，許世銓最重要的表達，還是在認定陳水扁的台獨理念一直沒有變。只是披上了言辭多變的外皮。而「他的多變是爲了展現『台獨』這個不變的目標。認清了

陳水扁的『多變』與『不變』，也就可以看清這份（指陸委會說帖）羅列的『善意』的虛僞了。」[37]

　　許世銓的文章實際上是透露了中共全面對陳水扁信任破產的徵兆。中共國務院台灣事務辦公室在第一次評論陳水扁「一邊一國」主張的記者會裡，發言人李維一宣讀一份事先準備好的聲明稿裡已首度將陳水扁定位爲「台獨」，聲明稿裡說「陳水扁鼓吹兩岸『一邊一國』，充分證明他所表白的「四不一沒有」只不過是欺騙台灣民衆，蒙騙國際輿論的權宜之計。求和平、求發展、求安定，希望改善的發展兩岸關係，是台灣的主流民意，陳水扁枉顧民意，鼓吹「台獨」，把極少數頑固『台獨份子』的圖謀強加給廣大台灣人民，受到影響的是台灣經濟，受到損害的是台灣同胞的切身利益，是將台灣引向災難」。[38]

　　但是，中共「文攻」雖然猛烈，「武嚇」未見像1995年李登輝訪美，1996年台灣總統大選，以及1999年李登輝發表「兩國論」時來的激烈。譬如說，在人民日報刊載的新華社評論員文章之後段，還是提出「要走什麼樣『自己的路』是在『台獨』的道路上一意孤行，還是懸崖勒馬，擺在你們面前，陳水扁只有鄭重的放棄所謂『一邊一國』的謬論，停止策動『公投台獨』的行徑，才能對兩岸同胞作出交代。」如此的建議，無獨有偶，類似這樣爲台灣預留退路的說辭也出現在國台辦的聲明裡，具體提到「我們嚴正警告台灣分裂勢力，不要錯估形勢，立即懸崖勒馬，停止一切分裂活動」這一段話如出一轍。[39]

　　更有意思的「預留退路」說法尚出現在錢其琛巡視福建

時的談話。儘管錢其琛一如文攻的說辭，對陳水扁的「分裂
理論」提出評擊。但是他卻在談話中大幅提到「主張積極發
展兩岸往來與交流，實現兩岸三通是兩岸經濟發展的實際需
要」的看法，也提及「不管發生什麼情況，我們都將維護台
灣同胞的合法權益與認真貫徹執行台灣同胞投資保護法及其
實施細則」的建議。[40]這顯意再度重申，即便陳水扁的「一
邊一國」主張已被定性為「台獨」，但是兩岸的經貿關係不
受政治關係的影響，而且兩岸交流將與兩岸關係要分開處
理。這樣政策性的暗示，在陳水扁「一邊一國」主張公布後
更顯有其意義存在。

　　這樣「媒體熱，官方冷」或是中共中央「外剛內柔」的
回應，是否說明了中共對於「一邊一國」主張覺得不比「兩
國論」來的嚴重，或是中共對於「台灣同胞」的處理優先順
序已逐漸下降可能都會有一番爭議。不過，北京的回應肯定
是負面的看法應是無庸置疑。

　　但是儘管確定北京回應會是「負面的看法」，但是北京
當局會是什麼樣的思考模式下採取動作，恐怕還得需要盱衡
下兩岸各自內部的情勢，以及國際社會的環境。

　　首先，北京是否會以1996年台灣大選的「導彈事件」與
1999年特殊兩國論提出之後的「軍演事件」所導引美國以及
國際社會對台海情勢評估的反應作一比較？值得玩味。

　　一般來說，外界的確多認兩國論是台北較重「挑釁」意
味，而台灣大選則是北京較有壓迫成份，因此二者之間美國
所扮演的角色他就有相當不同。如果這次北京事後的評估是
認為阿扁這次說法是與李登輝的兩國論同樣引起國際社會特

別是美國的不滿，那麼台北在北京運作所承受的國際壓力會讓它在兩岸對立情勢中有所「失衡」，甚至在某些原則上還會「失血」。美國副國務卿阿米塔吉在8月下旬訪問中國大陸之後記者會上三度提及不支持「台灣」，並重申美國一個中國政策，值得關注。但他強調不支持台獨並不意味美國表示「反對台灣」雖表明是尊重兩岸人民自行解決台灣問題的立場，但也留下許多想像的空間。[41]

　　再次，阿扁這一次談話是北戴河正在舉行高層會議之際，當時十六大接班的工作顯見並非順暢，當江澤民要尋求中共內部各派系來支持他不至於「全面退職」之時，台灣問題的解決也變成各路人為企圖運作的籌碼。如此，陳水扁這一席「激進談話」，恐怕更為激化中共內部較具鷹派意識人馬的隱憂，很可能藉此來逼迫江澤民對台採取更強硬的手段。屆時江澤民為確保權位，如何調整過去對台稍具溫和的手段，則是另一關注。

　　最後，由於武力犯台成本極高，而目前大陸經濟改革開放已進入重要階段，北京領導階層是否只有往「武力解決」一途考量恐有爭論。加上北京多次提出「聽其言，觀其行」的說法，在目前阿扁只進入「論述」階段，尚未貫徹到「行動」層次時，也許北京會深思到軍事動作的後遺症，進而暫且抑制台海緊張情勢爆發的可能。但是無論如何，阿扁的這番話，肯定是將呈現僵局的兩岸關係更加雪上加霜。

　　不過，瞭解北京當局高層運作的人都知道，中南海高層若是回應缺乏，就顯示出「暴風雨來臨之前的寧靜」，若又是回應遲延，更是代表了「茶壺裡的風暴可能表示會擴散出

外」。一個立即的例子可以說明的是，政治局常委或中共中央台灣領導小組對阿扁談話若要採取「大動作」，勢必內部要經過一場冗長及激烈的辯論才能導致共識。這中間還必須考慮到十六大接班問題，經濟改革開放與外資影響問題，美國態度與立場，以及軍方士氣受挫問題等等。因此要在短期內，即刻有回應，也很難有具體的內涵與動作，即使是國台辦以及官方媒體，在高層未有結論授權之前，也不會有政策大幅改變的言辭出現。

註釋

1 陳水扁總統8月3日談話全文內容內容，請參閱 http://www.president. gov.tw/php-bin/shownews.php4。

2 陳水扁最近三次所提出的「台灣要走自己的路」，除了2002年8月3 日，那次談話之外，另外二次一是在2002年7月21日民進黨黨主席就 職演說中提出，如果我們的善意無法得到中共相對的回應，我們就 要認真思考是否「走自己的路走台灣的路走出台灣的前途」。請見 《中國時報》，2002年7月22日3版，另一是在2002年7月29日面對亞洲 台灣商會聯合青年會的台商時再度重述7月21日所說的「台灣要走自 己的路」，請見《聯合報》，2002年7月31日，頭版。

3 美國商業週刊在文中是如此分析的，"Why would Chen risk ending the recent dance of detente between Taipei and Beijinga dance he has helped choreograph? Political analysts say Chen in willing to gamble that he can score points politically at home without provoking China to launch any dangerous military action. His ruling Democratic Progressive Party, of which he recently become chairman, is facing an uphill battle in key mayoral elections in Taiwan's two largest cities in December. Another worry: Former President Lee Teng-hui's new pro independence party, the Taiwan Solidarity Union, appeals increasingly to hardcore Beijing-haters in the DPP, and the politically week Chen may simply have wanted Beijing to take him seriously." 請參閱 *Business Week*, August 26, 2002, P.52。

4 美國《華爾街日報》在文中是如此分析的，"The hard line from Mr. Chen comes at a time when ties between Beijing and the Bush

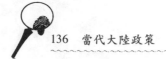

administration are beginning to improve. The White House recently announced that President Bush will host Chinese President Jiang Zemin at his Texas ranch Oct. 25 for wide-ranging talks." 請參閱 *The Wall Street Journal*, August 5, 2002, P.A9。

5 美國《紐約時報》在文中如此分析的，"Mr. Chen said in a telephone interview this afternoon that Beijing's sharp response today reflected China's refusal to acknowledge the Taiwanese government's existence an continued unwillingness to accept Taiwan as a negotiating party despite Taiwan's efforts to pursue a policy of diplomatic engagement in recent years. 'Their anger comes from the fact that they cannot face the reality, and they tried to boycott what we have proposed, the engagement policy,' he said." 請參閱 *The New York Times*, August 5, 2002, p.5.。

6 嚴家祺，〈兩岸合演「雙獨記」〉，《聯合報》民意論壇，2002年8月13日，13版。

7 陳水扁在1992年5月15日向立法院倉促提案的「中華民國與中華人民共和國基礎條約（或協定）」草案全文，是由陳水扁國會辦公室草擬，於5月14日刊在《自立晚報》。

8 陳水扁1999年4月20日在美國華盛頓國家記者俱樂部舉行記者會時，提出兩岸關係三個主張，其中之一便是認為「台灣與中華人民共和國是兩個相互獨立、互不隸屬的華人國家，應發展國際的特殊關係」。請見劉其筠，林美玲，〈陳水扁：中台兩華人國，應發展特殊關係〉，《聯合報》，1999年4月21日，2版。

9 陳水扁宴請世界台灣人大會成員的談話，可見聯合新聞網，2002年3月18日，http://tw.news.yahoo.com/2002/03/18/polity/udn/3128916.html。

10 請參閱《聯合報》，2002年8月31日，頭版，《中國時報》，2002年8月31日，3版。

11 民進黨中央發布的新聞稿，刊載在《聯合報》，2002年8月4日，3版。而民進黨秘書長張俊雄8月4日在民進黨中央黨部與媒體記者茶敘時也表示，陳總統的「一邊一國」說法是陳述事實，台灣是主權獨立國家，依憲法國號叫中華民國，和中華人民共和國互不隸屬。陳總統是中華民國主權獨立現狀的護衛者，而不是現狀改變者。請參閱《聯合報》，2002年8月5日，3版。

12 陳忠信的談話可參考*TAIPEI NEWS*, August 4, 2002的報導，文中如此敘述 "President Chen was just talking about the reality. Only Taiwanese are entitled to decide on changes affecting Taiwan's Future. No external force may do so." 而且陳忠信還補充說 "President Chen's remark is different from former President Lee Tang-hui's state to state dictum." 請上網查閱http://www.taipeitimes.com/news/front/archives/2002/08/04/158915。不過陳忠信的看法並非單一，包括總統府秘書長陳師孟與陸委會主委蔡英文都有提及類似的看法，陳師孟說：他不覺得（陳水扁的「一邊一國」）與前總統李登輝的「兩國論」有關係，私下也沒有拿「兩國論」作比較。請參閱《中國時報》，2002年8月4日，2版。至於蔡英文則在8月5日轉述陳水扁總統的話指出「一邊一國」的概念是，強調台灣是享有主權獨立的事實，和「兩國論」不相干，也「沒有比較的基礎」。請見《聯合報》，2002年8月6日，頭版。

13 李登輝接見德國之音的訪問全文內容，可參閱行政院大陸委員會，「李總統登輝：特殊國與國關係，中華民國政策說明文件」，1999年8月出版。

14 陳總統這段談話,出自於他8月30日記者會的致辭,請見《聯合報》,2002年8月31日,頭版。

15 有關「跨世紀中國政策白皮書」全文內容請上網http://www.futurechina.org/link/plen DPP19991115.htm。

16 陳水扁總統於2000年7月27日接受《美國商業周刊》亞洲區編輯柯立福的專訪,該刊於2002年8月4日出版,專訪全文內容中央社8月3日自紐約發出,《中國時報》,2001年8月5日,14版

17 陳水扁的類似說法,可見遊行之後台灣各大報的報導,此段引述係摘自《蘋果日報》的報導,見該報2003年9月7日,頭版。

18 陳總統看法,請見劉添財,〈陳總統:護照加諸台灣字眼,勢在必行〉,《中國時報》,2001年6月19日,4版。

19 有關陳水扁「一邊一國」主張一經宣示後,在台灣政壇的確有不少人士表達一些反應看法,在文中是選擇兩個主要在野政黨的領導人看法,作爲代表性的回應,連戰與宋楚瑜的看法,可參考《中國時報》2002年8月4日,3版以及《聯合報》2002年8月5日,2版。

20 施振榮與戴勝通的談話是接受報紙的訪問,請參考《中國時報》,2002年8月5日,3版。

21 有關這四項重要民調結果,請參閱(1)《聯合報》,2002年8月5日,2版;(2)《中國時報》,2002年8月6日,4版;(3)TVBS民調,刊於《中國時報》2002年8月5日,4版;(4)民進黨民調,《聯合報》網站報導http://archive.udn.com/2002/8/8/NEWS/FOCUSNEWS/IMPORTANT/939886shtml(Accessedon2000/9/13)。

22 此項統計技術自可參考詹惠珠,〈三年前,散戶恐慌殺出1300億,兩國論,一周跌掉1.5兆元〉,《聯合報》,2002年8月5日,11版。

23 請參閱《中國時報》，2002年8月6日，5版。

24 邵宗海，《兩岸關係：陳水扁的大陸政策》，台北：生智文化事業
有限公司，初版一刷，2001年11月，請參閱第二章其中標題「在兩
岸尊重對等方面」一節，頁31-330。

25 根據中央社在2002年8月3日發自華盛頓的消息稱，只有提到「美國
國務院一位官員對陳水扁總統發表『兩岸一邊一國』談話的相關問
題表示，美國的『一個中國政策』不變。這位官員是答覆台灣媒體
詢問時，做了以上表示」。請見《中央日報》，2002年8月4日，3
版。另外則是《聯合報》記者張宗智發自華府報導，說明美國事前
「應該不知道此事，官員並引用《上海公報》，表示美國的『一個中
國』政策沒有任何改變。」《聯合報》，2002年8月4日，2版。不過
因為國務院發言人瑞克在8月5日發表談話時，對於陳水扁的談話美
方是否事前被告知一事，表示他並不清楚，《聯合報》，2002年8月
6日，頭版。

26 史坎德的談話可參考《中國時報》記者劉屏發自華府的報導，2002
年8月4日，3版。史坎德說：「陳水扁本來似乎走向務實，『大膽
宣言』即為一例，可是新的談話是個重大轉折。」

27 有關《紐約時報》與《華盛頓郵報》的報導，可參考《中國時
報》，2002年8月5日，3版的一篇綜合報導。

28 阿米塔吉的看法由中央社發自華府報導中透露，見《聯合報》，
2002年8月10日，4版。

29 有關參考馬克的談話，摘自於《中國時報》記者劉屏發自華府的報
導，《中國時報》，2002年8月9日，4版。

30 蔡英文在行政院長游錫堃2002年8月6日過境美國在紐約會晤美國前
國防部長柯恩及多位國會議員時曾向美方人士表達，陳總統的談話

是要清楚表達，捍衛台灣現狀，維持得來不易的民主成就就是他身為總統的職責。如果中共未來壓迫台灣人民改變現狀，基於自衛和自保、被動的，台灣人民應該有權透過民主機制表達。蔡向美方強調：「台灣並沒有要獨立」。此段談話可見《中國時報》，2002年8月10日，4版。與凱利會晤的內容，可參閱《聯合報》，2002年8月11日，2版。

31 《聯合報》駐華府記者張宗智曾撰文分析美國事前與事後美國處理陳水扁「一邊一國」主張的過程。請參閱《聯合報》，2002年9月12日，12版。

32 美國國務院發言人瑞克在8月5日表示，美國長期以來都是維持一個中國政策，此一政策並未改變。另外白宮國家安全會議發言人麥克安唐也在接受《聯合報》電話採訪時表示，美國長期以來的「一個中國政策」具有一致性，「迄今沒有改變」。這兩項談話內容均可參閱《聯合報》，2002年8月6日，頭版。

33 有關美國駐中國大使雷德的談話，請參閱《中國時報》，2002年8月8日，頭版。

34 有關阿米塔吉記者會的全文內容，請見"Washington File"，網址是http://usinfo.org/wf/020826/epf103.htm.。不過關鍵性的一句話，是阿米塔吉所說的"The wording is important. By saying we do not support, it is one thing. It's different from say we opposite. If people on both sides of the Strait came to an agreeable solution, then the United States obviously wouldn't inject ourselves."

35 有關布希的談話，可參閱布江會會後記者會全文，美方的版本布希所說的用詞是"We do not support independence"。請見http://www.whitehouse.gov/news/release/2002/10/20021025.html.。中文的版本則

是「布希重申堅持一個中國政策，明確表示美國不支持台灣獨立」。請見http://www.fmpre.gov.cn/chn/36486.html。

36 有關這篇評論員文章，人民網與新華網均在2002年8月6日透過各自網站向外公告，可查人民網http://www.people.com.cn/GB/guandian/26/20020806/793438.html新華網http://202.84.17.73:7777/Detail.wet?RecID=29&SelectID=2&channelID=4255&page=2。也可參考台灣的《工商時報》，2002年8月7日。

37 許世銓「一份頑固堅持『台獨』立場的辯解者——評台灣『陸委會』8月7日『說帖』」，請查閱新華網http://news.xinhuanet.com/newscenter/2002-08/19/content_530249-htm

38 中共國務院台灣事務辦公室針對陳水扁「一邊一國」主張回應的聲明全文，請查《中國時報》，2002年8月6日頭版.。

39 請參閱前兩項註釋。

40 有關錢其琛前往福建巡視時所做的談話是由新華社報導可查閱人民網http://www.people.com.cn/GB/shizheng/18/20/20020908/817808.html。

41 正中書局主編，《存在、希望、發展——李登輝先生「生命共同體」治國理念》，台北：正中書局印行，1993年8月，頁41。

第五章

陳水扁大陸政策的策略運作

第一節　陳水扁大陸政策形成因素

　　在前一章分析陳水扁的大陸政策，可以發現有些政策的制定，陳水扁是採取非常明確而且公開的立場，譬如說他在處理兩岸關係的三個主軸——民主、對等與和平原則方面不曾有任何的妥協或退讓態度，另外在政策上一些積極性的建議方面，陳水扁也是毫不遲疑的予以立即推動，儘管有些政策的宣示與執行還是呈現落差，不過政策內容與政策執行態度上的明確是可以肯定的。

　　但是，在一些兩岸之間經常引起爭議的話題，如「一中原則」或「九二共識」的觀點，或在台灣內部比較敏感的話題，如「我是台灣人也是中國人」，或台灣「國家定位」的看法，陳水扁則一律採取迴避或閃躲的作法，讓他的大陸政策又充滿了「不定性」與「模糊性」。

　　究其原因，陳水扁的大陸政策之所以有時「堅定不移」，有時又「閃爍不定」，依政治系統理論來分析，當然是因為它政策的輸入，包括支持與需求的因素，可能是來自於各種不同環境下的產物，把它們處理在一種複雜而且繁瑣的互動思考過程裡，當然就會有不同的輸出結果。

　　David Easton的政治系統理論，就是用來解析陳水扁大陸政策決策模式過程架構的最佳方法。依Easton的看法，政治系統所處的環境本身可分為兩個部分，就是社會內部（Intra-societal）與社會外部（Extra-societal）。所謂社會內部系統包

括經濟、文化、社會結構或人的個性這樣的各種行為、態度和觀念。所謂社會外部，是包括那些所有處於某社會本身以外的系統，它們是一種國際社會的功能部分。[1]

一、陳水扁大陸政策的政治系統模式裡之社會內部因素

在陳水扁大陸政策的政治系統模式裡，它的社會內部因素就是包括了下列四大部分：

（一）民進黨部分

台獨黨綱的的理想與目標是否需要堅持與兌現？民進黨內部各派系對「台灣走向」的不同觀點是否要尊重並予以平衡？台獨基本教義派的激烈看法固然可以權衡接受與否，但是可否完全放棄爭取對他們選票的支持就成為陳水扁大陸政策中不能去除「台獨傾向」的關鍵所在。

（二）在野聯盟主導國會事實部分

目前泛藍陣營在立法院所佔之席次已略超過半數，加上無黨籍立委的奧援，已達足夠的多數。許多重要的法案，包括與兩岸關係有關的政策措施，如果不能事先得到在野聯盟的支持與理解，可能相關的法律與經費就會遭遇到「杯葛」。陳水扁在大陸政策重要決策的宣示上，是否要考慮到立法院在野聯盟形成多數的事實？

（三）陳水扁個人因素部分

2000年總統大選，陳水扁只有獲得總得票率39%的支持，雖然依憲法「相對多數」即是當選的條文可合法就職，但在政治影響力上他只是一位「少數總統」卻是不容置疑的事實。因此，如何在政策制定過程上考量到其他超過60%未曾支持過他的民意趨向，就成為陳水扁不能省略的背景因素。

另外，陳水扁的「律師性格」，導致他處事原則比較傾向妥協，會不會進而也影響到他原先理念堅持的部分，實際上也需要討論。

（四）台灣內部經濟衰退的環境部分

陳水扁政府執政一年之後，股市指數不僅在2001年7月中旬大幅滑落到4200點邊緣，創近七年半以來的新低點，而且經濟成長指數預測數度向下修正到2.2%（行政院主計處在8月17日公布2001年第二季經濟成長率，已低於負2%），甚至失業率在2001年7月中旬飆到歷史新高的4.51%，在在顯示台灣的經濟衰退已經面臨嚴重的病態，如果再將美國時代雜誌7月17日的專文預言，台灣將如1997年前泰國一樣面臨亞洲金融危機，[2]那麼對台灣來說，它真的是財經雙重衰退的壓力。在台灣一般討論如何改善經濟困境時，總會先提到兩岸僵局的解決，也因而經濟復甦的方案中就必須同時考量到大陸政策的調正。2001年7月所舉行的「經發會」就是一個具體例子的說明。

另外在社會內部因素部分，Easton尚提到「在某個社會中，政治系統之外的許多系統造成了種種影響，從而建立和形成了政治系統自身必須在其中運作的條件。」[3]這些所謂政治系統之外的許多系統，在台灣來說譬如像本土意識所導致產生的「本土文化價值系統」，或像台灣必須強調出口導向進而十分依賴外銷市場的「海島經濟系統」，往往除了在它們本身獨立運作之外，常常尚會跨越至政治系統中來影響到大陸政策制定過程，變成是互動關係中另一因素。所以單單只看到政治系統中政經、文化社會及個人因素，而忽略了與其它系統的互動關係，很可能就忽略了對大陸政策影響必須要全面性的觀察。

二、陳水扁大陸政策的政治系統模式裡之社會外部因素

至於陳水扁大陸政策政治系統裡的社會外部因素，則涵蓋下面兩大部分：

(一) 兩岸大環境的因素

陳水扁縱然有上千個理由認為台灣不能接受「一個中國」、「一國兩制」及「統一是唯一選項」，但是陳水扁無法排除自1987年以來兩岸在人道、文化與經濟巨大交流中所產生的共識與情節。如何在兩岸對立之中又要營造和緩的氣氛，如何在兩岸交流中又不能失掉台灣應有的尊嚴與對等地位，當然就形成了陳水扁大陸政策制定過程中最難取得平衡點或最大公約數的地方。

（二）美國及國際社會對台灣觀點的因素

　　其實台灣處在兩岸關係的變動位置上，往往會因外界的觀察角度不同切入，而變成「受欺壓的角色」或是「麻煩的製造者」。若是前者的認定面居多，特別是與美國的看法一致，台灣當然就贏得奧援，但是有時台灣不經意也會跌入國際社會交相指責的「麻煩的製造者」角色，譬如1999年7月李登輝發表「特殊兩國論」所引起兩岸緊張的情勢，就被美國指為刻意向中共提出挑釁。在這種情況下，台灣很可能在一觸即發的台海危機中，要獨力來承擔對岸的武力威脅。因此陳水扁接任之後，有許多大陸政策的宣示，不難看出必須配合美國在亞太地區戰略目標的痕跡，那就是力求不挑釁中共以求台海情勢的穩定。

　　以上所述的各種因素，不論是屬政治系統之內的社會內部或社會外部，甚至於包括政治系統以外的系統，均可列為Easton決策模式理論中的需求（demand）和支持（support）轉為輸入項，這也就是所說的資源（raw material），然後系統就對輸入的資源進行加工，其加工的方式，如Easton所描繪，「為一個巨大的轉換工程」，最後當然就是政策的輸出。[4]陳水扁大陸政策在過去一年有許多不是相當明確內容的宣示，或是政策初階段的建議，就是在這種情況下作公開的表達。（見圖5-1）

　　不過，Easton也說明了上述的資訊輸入與政策輸出是「靜態政治系統的圖像」。實際上，很多政治理論必須弄清楚一切系統是如何能夠長期地存在，並不斷的做出這樣的決

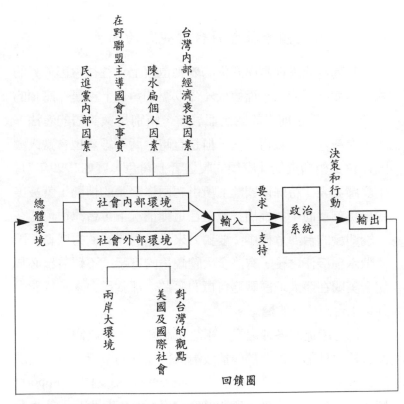

圖5-1　陳水扁大陸政策的政治系統模式

策。所以Easton說，需要一種延續的系統理論。這也就是說，不能同意把輸出作為政治過程的終結點。因此，轉換過程的輸出可以對系統作出回饋，並形成系統後續的行為。Easton在解說時，特別提出回饋是直接回到「環境」中去的輸出結果，這種結果可能以某種方式再次形成「環境」，也就是說，它們可能影響環境中的條件與行動。輸出能夠以這

種方式不斷的改變對輸入的影響，進而就改變下一波輸入的本身。[5]

　　這個Easton書中的輸出結果，轉換成「回饋」，最後又形成新的「輸入」因素，就是說明了陳水扁的大陸政策在過去一年之所以不斷有轉折，或有調正，或有改變的痕跡存在最重要的關鍵所在。他幾乎對政策最早的宣示或建議，都當成「政治氣球」的功能來處理，如果遇到肯定的回應，則政策內容與精神則予延續及擴大；如果面臨是強力的反彈，則政策更弦。經過回饋之後，再以另一新面貌出現。前者的例子如主張「兩岸穩定論」，後者例子如曾同意「一中各表」後又否認有「九二共識」的說辭。因此，當外界經常對陳水扁有些政策宣示覺得有模糊不清或方向不定時，那很可能只是最初的政策輸出結果，他必須要經過多次回饋再輸入的過程，等到那時政策輸出結果就比較具有明確的內容。

　　實際上這只是政策系統理論中最基本的觀念，但是用來解析陳水扁大陸政策的決策模式，卻是說明他大陸政策給予外界模糊的原因所在。或許，從好的角度來評估，陳水扁的大陸政策制定過程懂得如何尊重民意與順應主流，進而再作出不同程度的調正。但若從負面的看法去評估，則又會發現陳水扁太過於取巧運用權謀的心態來制定政策。無論如何定論，恐怕都有一番爭議。

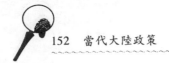

第二節　陳水扁大陸政策的策略運作

　　陳水扁曾經說過，與中共當局交手，必須「以戒慎恐懼的態度，以柔弱勝剛強的策略，謹慎處理兩岸問題」，[6]不過這只是種理論，若要放到現實的政治環境裡實際運作，可能他還需要採取更多的策略。

　　嚴格來說，陳水扁的策略並沒有跳脫國民黨過去傳統維持大陸政策模糊性的手法，不過，他也有他突破的格局，那便是形式上他會說些使得外界聽來比較「柔順」、「溫和」以及「善意」的用辭或建議。而且只要不觸及到新政府接不接受「一個中國原則」或「是不是中國人」的敏感主題，他會全部毫不吝嗇的提出包括了「兩岸本是同一血源」這類國民黨過去也較少會說的話。但是陳水扁也有他比國民黨更難跳躍的關卡，那就是北京原本對他不予信任的認知，進而壓縮了他可繼續運用國民黨傳統採用的「模糊空間」。所以在探討陳水扁大陸政策的策略運作時，不能用光譜兩端的價值取向來衡量，否則就會得出失衡的結果。過去，我們就發現每當陳水扁說出的一段話，在台北解讀可為「善意」，但到了北京便變成了「文字遊戲」。另外，在民進黨來說，統合論的說法是「統中有獨」，可是在野聯盟卻斬釘截鐵的說，這本就是邁向統一整合的目標。實際上，陳水扁談話是否「善意」，發表統合論是否追求兩岸整合，在策略上，他當然不會說得很清楚，因為有時候政策上已經不十分明確時，在

策略上更是要做到非常「撲朔迷離」。

　　基本上，這種兩岸看法有不同，朝野解讀有迥異，甚至於連民進黨內部都有各持一把尺來度量的分歧下，眞可把這樣的政策模式稱之爲「阿扁式的大陸政策」。這方面特點至少可整理出來六種現象，實際上這種現象背後所操縱運作的就是陳水扁主導的「策略」。

一、不會挑起產生與中共軍事衝突的措施

　　要去避免發生這樣的緊張情勢結果，陳水扁有點狡猾的採取了一些言辭上特別強調說明的措施，讓中共即便想用兵也師出無門。

　　譬如說，他在五二〇就職演說稿中，提到了「四不一沒有」的宣示，就是企圖先下手爲強，把北京過去有意藉此動武的一些可能性，先行排除。但是，在現實政治環境裡，陳水扁也非常瞭解事實畢竟仍然存在；包括了國統會沒有廢除但可以不召開；兩國論不會入憲但是大家心知肚明就好；台獨不會，兩個中國不可，不過只要國際社會有認知就行；中華民國國號不會更改，統獨公投不會舉行，這本就是台灣內部主流民意，陳水扁既無意也無力可去主導。

二、充分釋出對北京的善意，並展示「忍辱負重」的形象

　　以2000年年底發表的元旦談話講稿來說，以「對岸」稱呼北京，代替過去慣稱的「中國」，以「積極開放，有效管

理」代替「戒急用忍」，甚至連「政治統合的新架構」一詞
都出籠，若再加上五二〇演講中提及「海峽兩岸人民源自於
相同的血緣、文化和歷史背景」的這段話，若硬拗說陳水扁
說法沒有「善意」真的是缺乏良知。而且以他過去多年來對
北京強硬的立場來對比，在擔任總統之後顯示為國家安全利
益頓然「軟化」那麼強烈，要陳水扁的支持者不為之抱屈都
有困難。隨之受到影響波及的，便是反陳水扁的政黨很難在
這方面著力批評，而中共當局更難見縫插針。

三、在大陸政策製造模糊空間

　　進而，不管在野黨或北京當局，都很難能立即指著陳水
扁鼻子說他是「統」或是「獨」的支持者。
　　下面的例子可充分說明陳水扁給予政策的多樣性：

　　關於「一個中國」，陳水扁從來沒有明確說過「接受」，
但是自五二〇演說至今，他也從沒有說過「拒絕」。2000年6
月27日在接見美國亞洲基金會代表時，陳水扁還說過新政府
還願接受九二年「一個中國，各自表述」的共識，只不過無
法接受「一個中國」就是「中華人民共和國」的觀點。[7]雖然
三天後（6月30日），在會晤美國外交政策全國委員會訪問團
時，陳水扁否認了兩岸在九二年曾就一個中國原則達成共識
或結論，從此只提「九二精神」一詞，[8]但是這並不代表他完
全排斥「一個中國」說法。在就職演講稿中提到「共同處理
未來一個中國的問題」說法就是一例。另外，在2000年7月

12日會晤民進黨立委時，特別說到「我是中華民國總統，當然要說一個中國，不過這個中國是未來中國，而不是中華人民共和國」這個觀點是另外一例，[9]若再加上元旦祝詞提到「憲法一中」「原本並不是個問題」的看法，可以看出陳水扁是有保留對「一個中國」說法退讓空間。

關於「**統獨方向**」，陳水扁的說法更是讓外界充滿想像空間。「統合論」一出爐，各界說法不一，有人認為是走向統一的主張，有人則解讀成是「統中有獨」的宣示，更有人直接詮釋成是台灣是主權國家的另類說法等，[10]這些說法構成一個特點：就是沒有定論。其實陳水扁如此捉摸不定的說法還不止於上述的「統合論」，包括他2000年9月1日接受紐約時報訪問時說到「以統一為解決兩岸關係的唯一途徑，這種作法違反台灣民意」這段話，[11]聽起來固然是陳水扁排除了「統一是唯一選項」的傳統政策，但另方面，誰又能說他完全排除「統一」可能性嗎？

這就是陳水扁大陸政策追求模糊的高明處，他讓外界無法對他政策定論，但又對他政策充滿想像空間。

四、政策始終與美國對華政策的主調契合

眾之所知，美國對北京的政策是建立在「一個中國，兩岸對話，和平解決台灣海峽爭議」的認知上，所以陳水扁就任之後，不曾提過任何否定一個中國政策（注意：不是原則）的說法，像是建議兩岸共同處理未來一中問題，或是認知中華民國憲法，「一個中國」原本不是個問題，在廣義上都可

說明陳水扁政府確沒有否定「一個中國」政策,但並非確認「一個中國原則」。同時他也數度呼籲兩岸儘速恢復辜汪會晤或會談,特別在和平方式解決兩岸爭端方面更是多次強調,從2000年3月18日當選感言提到「追求台海永久和平是總統的使命與天職」,到8月19日在哥斯大黎加說到「避戰」處處見到多方配合華府「期許」的痕跡。在這種情況下,美國怎能在危急時刻放棄這麼合作的「盟友」?只要美國不能「遺棄」台灣,至少是新政府可以向台灣社會交代的一項功績。

五、希望今後大陸政策有點「國際化」

　　這個用意所在就是讓目前國際社會對於台灣處理兩岸關係問題上的態度與措施,能給予理解與支持。譬如說,在五一八就職週年談話裡,陳水扁表達能親自出席10月在上海召開亞太經合會議的意願,期盼能像去年南北韓領導人歷史性「握手的一刻」,與江澤民面對面談兩岸三通的問題,其實類似的提議在李登輝主政時代已經提過多次,但不幸都在中共杯葛下未能如願。如今陳水扁重提此議顯然並不是在求兌現,而是利用目前一些時間上的有利因素,來向國際社會喊話尋求同情,而所謂時間上因素正是包括5月20日他就職週年前夕,舉世均在注意他要在兩岸關係話題上會說些什麼?而接下來5月21日他即將出國前往中美洲友邦訪問,在過境紐約時他又會作些什麼?雖然,事後他並未在大陸政策上著墨些什麼,但是得到國際社會大幅注意卻是個事實。

　　加上這段期間,中美之間因撞機事件雙方關係走壞,布

希新政府正以近年較為罕見對台友好態度來處理台美關係。
高規格的軍售結果固是一例，連陳水扁過境紐約華府當局認
定是可晤國會議員並說是符合美國國家利益，恐怕這些說辭
台北事先都未能預期有如此「突破」。陳水扁雖說他不會因
布希轉向支持台灣而沾沾自喜，但在接受「今日美國報」訪
問時，他仍然無法掩蓋內心的狂喜說出他「將是中華民國史
上第一位過境紐約的總統」。[12]這種內心的激動，正好說明了
陳水扁是要善用時間上與背景上的有利因素，讓國際社會特
別是美國政經界，瞭解到台北並非無意解決當前的兩岸僵
局。寧願說，是台北提出所有良好的建議都得不到北京善意
的回應。

　　其實，阿扁主攻的話題又何僅只是APEC的參加與江澤
民的會晤而已。在對美國「外交關係協會」越洋視訊的談話
裡，他也特別向群集在華府的菁英們點出北京在過去從不與
他或執政的民進黨直接交涉的事實，並提出以「民主、對
等、和平」三原則來談「統合論」。這些說辭顯然相當能打
動這些不十分瞭解兩岸問題複雜性的美國人。當然，爭取他
們的理解與支持就十分的明顯。

六、傾向大陸政策採「冷處理」方式

　　所以，儘管中共副總理錢其琛在2000年5月10日會見蕭
萬長時表示，陳水扁就任快一年了，大陸方面將看看他怎麼
說。但是陳水扁在兩岸均企頸聆聽他就職週年是否發表重大
兩岸關係談話時，只是避重就輕的提出他希望參加亞太經合

會的陳調，當然這其中作用之一就是無意在兩岸問題上尋求「突破」。

其實這裡用的「冷處理」一詞，與北京採取「聽其言，觀其行」的心態是有點一樣。那就是陳水扁團隊認為，既然過去善意多次釋放，都得不到北京任何一次的「正面回應」，還不如趁著目前對台灣並無迫切而立即需要的情況下，暫且擱置對北京釋放「政策善意」的措施。希望藉此觀察一下大陸內部可能部署的進一步動向，然後再行定奪。至於北京希望台北能表達「一個中國原則」的立場，當然在中共沒有任何善意措施的釋放情況下也就可將之暫擱一旁。這種思考對陳水扁團隊來說，就是既然過去的善意釋放都沒有加分，那麼再繼續努力也只有在原地踏步而已。當2001年大選顯見會以「經濟」與「治安」為主要辯論議題之時，新政府不提新的兩岸話題，很可能就不會引起爭議。

但是，大陸政策的國際化，可能正是北京神經最敏感的末梢處，若有不當處理，恐怕引起的反彈非台北所能預控，至於大陸政策的冷處理，則要看時間是否站在我們這一邊，或者更明白的說，在兩岸謀略對壘的時候，台北擁有的籌碼是否夠多。否則，這種策略必須重新調整。

其實，北京當局今天在對台政策底線裡，並非一定要台北明確說出會接受一個中國原則或是會走向統一。最重要的是：（１）不能有任何二個具有主權性質的政治實體在海峽兩岸接觸與談判中出現；（２）不能因為任何政治性議題的討論及談判，導致「一個中國原則」受到衝擊，甚至毀損。只要台北在政策上無意有這樣的走向，北京就可「按兵不

動」。這就是中共屢提「聽其言，觀其行」的關鍵所在。所以，北京只是等候在看陳水扁必須出棋之時他的步伐是如何邁出，以確定他的說辭與行動一致或不一致。當然，陳水扁也非弱者，現階段尚未進入出棋時刻，思考階段又何必把底牌全部掀清？這樣策略，北京當然也全然了胸。只是，兩岸智慧謀略對壘，台北較少想到時間到底是否站在台灣一方？

註釋

1 王浦劬譯，大衛・伊斯頓著，《政治生活的系統分析》（*A Systems Analysis of Political Life*）。台北：桂冠圖書股份有限公司，1992年5月，頁24。

2 台灣股市在2001年7月18日以4219點收盤，創近七年半以來的新低點，見「法人：加速趕低，好過慢性盤跌」，工商時報，2001年7月19日；至於經濟成長指數2001年的預估，依中華經濟研究院的評估報告是向下調整到2.22%，見網http/www.cier.edu.tw/FCT/NEWS903.HTM。但行政院主計處在2001年5月25日發布的資料則為4%；另外失業率部分，見行政院主計處在2001年7月23日所公布國情統計報導第137號。有關時代雜誌的金融危機報導，請見《中國時報》，2001年7月17日，2版。

3 王浦劬譯，大衛・伊斯頓著，《政治生活的系統分析》，（*A Systems Analysis of Political Life*）。台北：桂冠圖書股份有限公司，1992年5月，頁24。

4 同上註，頁29-30。

5 同上註，頁32-34。

6 陳水扁總統於2001年5月19日接見歐洲議會友華小組議會訪問團，在談到兩岸問題，提出這樣看法，詳細內容請查詢總統府網站：http://www.president.gov.tw。

7 張瑞昌，〈陳總統首度表明接受一中各自表述〉，《中國時報》，2000年6月28日，頭版。

8 夏珍，〈陳總統：台灣人民堅決維護中華民國主權〉，《中國時報》，2000年7月1日，2版。

9 劉添財、陳嘉宏，〈陳總統：兩岸緊張趨緩，現在球在中共那邊〉，《中國時報》，2000年7月19日，4版。

10 陳忠信，〈民進黨的大陸政策與兩岸關係發展〉，收編文在黃天中、張五岳主編，《兩岸關係與大陸政策》，頁130。

11 正中書局主編，《存在、希望、發展──李登輝先生「生命共同體」治國理念》，台北：正中書局印行，1993年8月，頁41。

12 陳水扁是在2001年5月2日在總統府接受《今日美國報》記者Paul Wiseman訪問，該項專訪於5月3日刊出，在該專訪中，陳水扁回答說：「如果可以順利的過境紐約，我相信將會寫下歷史的紀錄，成為中華民國第一位過境紐約的總統」。該內容請查詢新聞局網頁：http://publish.gio.gov.tw/newsc/newsc/900503/90050306.html。

第六章

中共當局對陳水扁大陸政策的反應

如果從陳水扁贏得大選就職總統之後，認為北京對他的態度與立場是開始有所和緩與善意，那麼這種結論當然是不切實際。但是反過來說，認為北京對台政策在陳水扁就任之後就轉變成絕對的強硬與敵意，恐怕也不盡符事實。實際上，北京在視待陳水扁的態度與立場方面，可能也與陳水扁的大陸政策一樣，有點模糊，也有點轉折，甚至不同的時期還會有不同的看法。這到底是陳水扁的大陸政策有所調整，進而影響了北京對台北的態度？還是因為說中共對台政策有所改變，進而就影響了台北對北京的看法？這種辯證固然會是個很有價值探討的主題，不過卻也衍生出了「蛋生雞或雞生蛋的難題」。唯一在書中能提供的，便是蒐集了中共當局對陳水扁就職之後一連串重大事件的反應，只有在解析這些反應內容過程中，才能發現北京當局可能是因陳水扁的政策有所調整而產生了不同風貌的策略反應。基本上，根據上述的方法，就北京針對陳水扁就職之後的政策反應而言，大致分成五個時期，分別是「期待階段」、「檢驗階段」、「不耐階段」、「迷惑階段」以及「攤牌階段」，下面便是試著來分析不同時期中共對陳水扁採取了不同程度的回應。

第一節　期待階段

　　陳水扁在2000年5月20日就任總統時所發表的一篇演說，在書中前面已有評估一篇能闡述新政府大陸政策的重要談話。而對北京當局來說它的回應也是相當罕見的「快

速」，在陳水扁五二〇演講稿發表後不到三小時的時間內，
就由中共中央台灣工作辦公室、國務院台灣事務辦公室，在
得到中共中央的授權的前提下，對陳水扁的談話做出回應。
聲明稿一開始就觸及到主題說：「今天，台灣當局新領導人
發表講話，其中宣布了對兩岸關係的有關政策。這篇講話提
到了不會宣布『台獨』，不會推動『兩國論入憲』，不會推動
『統獨公投』，沒有廢除『國統綱領』與『國統會』的問題；
但在接受一個中國原則這個關鍵問題上採取了迴避、模糊的
態度。顯然，他的『善意和解』是缺乏誠意的。一個中國原
則是兩岸關係和平穩定發展的基礎。台灣當局新領導人既然
表示不搞『台獨』，就不應當附加任何條件；就更不應當否
認一個中國、台灣是中國一部分的現實，把一個中國說成是
『未來』的。是否接受一個中國原則，是檢驗台灣當局領導
人是維護國家主權與領土完整，還是繼續頑固推行『台獨』
分裂政策的試金石。」[1]

　　儘管上述的北京回應，對陳水扁的談話內容確有無法全
般接受的痕跡，但是對於政黨輪替之後的新政府，北京顯見
仍有所期待，像這篇聲明稿的後段就顯示出有這種傾向：
「我們重申，在一個中國原則基礎上進行對話與談判，實現
雙方高層互訪。在一個中國原則下，什麼問題都可以談。江
澤民主席提出的八項主張早就指出，作為第一步，雙方可先
就『在一個中國原則下正式結束兩岸敵對狀態』進行談判，
並達成協定。當前，只要台灣當局明確承諾不搞『兩國
論』，明確承諾堅持海協與台灣海基會1992年達成的各自以
口頭方式表述『海峽兩岸均堅持一個中國原則』的共識，我

們願意授權海協與台灣方面授權的團體或人士接觸對話。

　　台灣當局新領導人應當審時度勢，順應歷史潮流，摒棄分裂主張，走和平統一的光明大道。如果真想謀求兩岸關係的和平、穩定、改善和發展，捨此沒有第二條路可走。台灣問題不能無限期拖延下去。任何形式的分裂祖國的圖謀和『台灣獨立』的道路都是走不通的，都是包括台灣同胞在內的全中國人民絕對不允許的。」[2]

　　再進一步的分析，就會發現北京在首次回應陳水扁的政策說明，仍有些善意的表達，譬如說：中共涉台系統對陳水扁就職演說迅速作出回應，這就是種「善意動作」，因為像北京這種第一時間回應的動作，在過去涉台事例中較為罕見。不過，這或許也可解讀為中共意圖儘快作出「明確立場」，特別對陳水扁總統的講稿不提「一個中國原則」一事，表達毫不遲疑的「不滿」與「不能接受」。

　　中共如此迅速回應的動作還有一些值得注意的背景：

　　一是中共中央台辦與國台辦在不到三小時內就聯合發表了長約二千餘字的聲明回應，稿子應是事先擬定，而且有些立場與政策說明可能早在就職演說發表之前就已經定調。這也證明北京當局已有預判阿扁不會在講稿中提「一個中國」的心理準備。

　　另一是三一八總統大選，國台辦並沒有準確預判到陳水扁居然當選，可能曾經遭致中共內部強烈批判，甚至質疑台辦系統能否有能力來研析台灣政局發展的方向。因此，這次聲明稿若非江澤民與中央台灣小組親自定調，台辦系統不至於會有如此魄力馬上強烈回應。

　　綜觀台辦回應聲明，基本上應是2000年11月美國總統大選之前，中共對台的暫行政策，姑且稱為「第一階段政策」。這段期間，可說是北京對陳水扁「已先聽其言，但後觀其行」的「期待階段」。

　　聲明中顯然留有空間讓兩岸能恢復對話與交流。譬如說：「只要台灣當局明確承諾不搞兩國論，明確承諾海協與台灣海基會1992年達成的各自以口頭方式表述『海岸兩岸均堅持一個中國原則』的共識」，中共就願意恢復兩岸接觸對話。這段話同樣也是要來檢驗陳水扁在就職演說中曾說過「不會推動兩國論入憲」與「也沒有廢除國統綱領與國統會」的承諾。

　　再就聲明稿中提及「以『一個中國，兩岸談判』的方式推動早日實現兩岸直接『三通』。」這段文字來說，一方面是陳水扁雖沒在演講稿中提及三通但由於他在競選時已作過承諾，北京方面應不會懷疑兩岸直接三通尚有什麼阻礙。但重要的是，如果兩岸一旦涉及三通議題，北京等於說明已有腹案。

　　首先就是把三通定位在「兩岸談判」方式上，既有平等協商意義，而且也履行了北京曾重複說過「不是中央與地方談判」的承諾；其次便是中共要向台北攤牌，當三通都要談了，「一個中國」陳水扁尚能迴避到何時？這應是中共在這個階段對台政策打的最後一張牌。

　　再下來就要到達兩岸終結敵對狀態，全面開放交流接觸的第二階段政策。這個階段北京是否如願達到，可能有幾項主客觀因素有待確定：

❖假如在「檢驗階段」，阿扁在「一個中國原則」上仍採迴避的態度，或有些宣示或措施方面不經意透露仍有台獨的傾向，那麼北京進一步激烈的軍事動作可能性就不能排除。

❖中共假設若能順利進入WTO，對於台灣仍在直接通航與通商方面要設下障礙，就可能會卸下全面和平會商的面具，對台灣採取各種打擊與恐嚇手段。但在WTO順利入會前，北京還是會採取較溫和的手段。

❖美國大選之後，當台灣問題不再是競選話題時，台北就得注意北京很可能態度會強硬起來，到時，不僅只是「一個中國」壓力，還有促統上談判桌的壓力，台北很難有喘氣空間。

❖江澤民面臨在中共十六大之前務必交出處理台灣問題的成績單，而目前在應對陳水扁出招時也要提防內部鷹派與軍方的反彈，加上他自己在功成身退之前，若能繼港澳問題之後解決台灣問題，就可提升他本人到中國歷史上維護主權領土完整的民族英雄地位。這樣的歷史評價誘因當會讓江的思維在處理台灣問題時越趨強硬。

因此，中共台辦系統的初步聲明，不能認為就會是北京未來處理台灣問題不變的方向。在當時背景來說，只能解析說北京顯然對陳水扁未來走向仍有所期待，所以就歸類到「期待階段」。

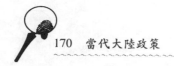
第二節　檢驗階段

　　等到陳水扁就職一個月後，北京發現他某種程度是傾向於「好話說盡但行動遲緩」的角色。這時候，北京對於陳水扁的期待也就開始趨向於保守，而且尚帶有些檢驗或批判的立場。

　　以2000年6月20日陳水扁就職滿一個月的記者會來說，有相當大的比例是主動在他講稿中提及兩岸關係問題。而且在記者的詢問中，也有許多問題以及陳水扁總統的回答是涉及到新政府的大陸政策。

　　純就記者會的內容來看，陳水扁的兩岸關係觀點，若與國民黨時代政府的大陸政策相比較，是有他身段柔軟一面，或看法務實的一面，以及善於掌握國際情勢向北京適時釋放善意的一面。就身段柔軟而言，六二〇的陳水扁比起五二〇甫就任總統的他，更懂得將北京渴望想聽的話放進他對媒體詢問的回答裡。譬如「一個中國原則」雖然不提，但是「一個中國口頭各自表述」的立場就明顯烘出。又譬如三通說辭在五二〇時沒有，這次不但提及，而且還暗示要透過兩岸上談判桌來協商。以陳水扁過去偏獨立場來檢驗，真的會發現他的「求變」已不僅只是在求策略上的修正而已。

　　再就看法務實而言，有二個明顯例子。一是他不刻意去否定一些可促成兩岸整合的象徵話題，如「邦聯」或「合辦奧運」。另一就是提及兩岸領導人會晤之時，一直強調應不

限形式、地點以及不提前提。比起李登輝過去一直堅持要在國際場合晤面的說法，陳水扁至少給了北京多點考量與選擇的空間。

最後是他釋放善意的一些說辭。陳水扁固然向北京喊話，希望與江澤民見面，共同處理「一個中國」問題，但並不設下很多條件或障礙，這當會讓國際社會歡迎而且肯定，同時也讓北京很難去批駁阿扁是「光說不練」。另外陳水扁當天再把五二○就職演說中有關國統會及國統綱領不會廢除的說法重新強調一遍，而且進一步將兩岸超黨派小組可能與前者重疊的疑慮作一釐清。至於海基會作為正式協商窗口的功能不變。綜合來看，很難說這些言辭不對北京充滿了善意。

因此，就兩岸關係的觀察面來看，陳水扁的六二○記者會的強調與重申，確定會強化他對北京所釋出的善意。而這方面所導致的短暫結果，不是中共當局對陳水扁未來大陸政策走向可能會作更詳盡的觀察，以及在短期內是不是不會匆促作成陳水扁就是兩岸關係穩定破壞者的結論，就值得來探討。這樣子當然也就使得兩岸緊繃的情勢有紓解緩和的可能性。

不過，就長期而言，陳水扁自五二○起到六二○所正式公開的言辭，可能在北京內部還是會導致統一的解讀與判斷。特別是中共對陳水扁迴避一個中國原則的這件事，是否會有退縮底線的可能，不能有太多樂觀的期待。而實際上，從過去陸委會主委蔡英文的幾次談話來看，新政府的大陸政策要說將不會受到北京當局的排斥，基本上將是一件不太容

易的事。

譬如說,在2003年5月23日面對國際媒體詢問時,蔡主委曾說,「特殊兩國論」主張只是現況的描述,即使台北當局今後不再提及,並非表示這個事實將不存在。她在那次談話的主要戰略目標是:今後兩岸的持續交流與接觸,「兩國論」就算不提也已事實存在。再來就是5月29日,面對立法院質疑,蔡主委的「專案報告」更加明確釐清了陳水扁的「中國政策」,那就是一個中國目前是不存在的,新政府也不會接受的,因為對於一個中國,那只是兩岸問題的有效選項,在未處理之前不能有結論。所以蔡主委建議台北立場是要討論「究竟未來有無一個中國,一個中國是什麼,再決定我們是否要未來的一個中國」。[3]從這次談話的戰略目標來看:當時在陳水扁就職演說中大家並不是搞得很清楚的那段「兩岸共同處理未來、『一個中國』問題」文字,現在蔡英文清清楚楚的告訴外界,那就是陳水扁所說「一個中國是兩岸議題」的另一種說法。

果然,北京的回應並非完全正面,而且由於陳水扁在記者會中特別提到「九二共識」,中共遂由參加多次兩岸談判的海協會副會長孫亞夫出面,表達了北京立場的看法。

孫亞夫說,台灣方面將九二年雙方達成的共識概括成「一個中國,各自表述」,並不符合當時實際情況。他回憶說,1992年兩會商談後,海協方面希望海基會能表達堅持「一個中國原則」的態度。到了10月底,雙方代表在香港進行工作商談時,海基會提出八個方案,海協會提出五個方案。後來,海協會認為海基會提出的第八個方案可以考慮。

所以，1992年11月16日海協給海基會發函，表明同意各自以口頭方式來表達「海峽兩岸均堅持一個中國原則」，並寫明海協會的表達方案。亦即在海基會第八案的基礎上，海協提出對案，雙方達成各自口頭方式表述「海峽兩岸均堅持一個中國原則」的共識，過程清楚。

孫亞夫說，最後雙方對這個事情的概括不同，當天海基會表示雙方達成一個中國、各自表述」的共識，查當時報紙即可看到。海協會則將此概括為「雙方達成各自以口頭方式表述海峽兩岸均堅持一個中國原則的共識」。

孫亞夫表示，實際來看，兩會方案中都有謀求國家統一，堅持「一個中國原則」的態度，這是共同點。海基會方面曾表達，雙方對「一個中國」的內涵雙方認知各有不同；海協也認為，在事務性談判中，不討論「一個中國」的政治內涵。大陸認為，把1992年兩會的共識概括為「一個中國，各自表述」，不符合當時情況。[4]

這樣的澄清與反駁也證明了一件事，那就是原先北京對陳水扁大陸政策的期許已調正到「檢驗」階段。像談到兩岸兩會重啟對話談判問題，孫亞夫表示，大陸仍認為須在「一個中國原則」下進行，台灣方面必須要明確承諾「不搞兩國論」、明確承諾1992年兩岸兩會達成兩岸各自以口頭表述「海峽兩岸均堅持一個中國原則」的共識，海協會才會與台灣方面授權團體與人士進行接觸及對話。[5]

第三節　不耐階段

等到2001年11月27日，台北由陳水扁主導的「跨黨派小組」在集會多次之後，發表了「三個認知，四個建議」的共識聲明。[6]

所謂的「三個認知，四個建議」是如此寫的：「三個認知」是（1）兩岸現狀是歷史推展演變的結果。（2）中華民國與中華人民共和國互不隸屬、互不代表。中華民國已經建立民主體制，改變現狀必須經由民主程序取得人民的同意。（3）人民是國家的主體，國家的目的在保障人民的安全與福祉；兩岸地緣近便，語文近同，兩岸人民應可享有長遠共同的利益。

「四個建議」是（1）依據中華民國憲法增進兩岸關係，處理兩岸爭議及回應對岸「一個中國」的主張。（2）建立新機制或調整現有機制以持續整合國內各政黨及社會各方對國家發展與兩岸關係之意見。（3）呼籲中華人民共和國政府，尊重中華民國國際尊嚴與生存空間，放棄武力威脅，共商和平協議，以爭取台灣人民信心，從而創造兩岸雙贏。（4）昭告世界，中華民國政府與人民堅持和平、民主、繁榮的信念，貢獻國際社會；並基於同一信念，以最大誠意與耐心建構兩岸新關係。

北京官方還沒正式回應之前，台灣各黨各派對於跨黨派小組的「共識聲明」已經呈現不同解讀以及不同評價的反

應，這已可說明台灣內部本身對此看法已不具「共識」基礎。若以這樣脆弱的民意結構，硬要說是代表台灣人民的普遍看法，其導致的結果則是跨黨派小組苦心經營的結論會被譏諷為不具「共識」的共識。

而且，所謂「依中華民國憲法」來回應北京的一中原則，中共的涉台系統一定要弄清楚跨黨派小組所說的「中華民國憲法」一詞最準確定位在那裡？如果該小組所講的「憲法」，它的意涵與目前「在野聯盟」各政黨對憲法代表傳統一中的看法是有所迴異，而與李登輝曾經說過憲法經六次修憲後已是「中華民國第二共和階段」主張接近，那麼這樣的「憲法界定」，恐怕就不具「憲法就是一中架構」的內涵。在這種情況下，北京顯見能接受的程度相對縮小。事實上，在跨黨派小組三點認知中的第二點，仍然強烈凸顯「中華民國與中華人民共和國是互不隸屬互不代表」看法後，已隱約可確定所謂「中華民國憲法」實際就是主權與治權均已被認定只在台澎金馬領土範圍之內的根本大法。兩岸早被定位是「兩個國家的特殊關係」。在這樣的說法上，北京若保持完全緘默恐怕會導致外界誤讀為「默認」。

所以，中共國台辦主任助理、發言人張銘清在2001年12月1日就批評兩岸跨黨派小組達成的「三個認知、四個建議」共識，完全是文字遊戲，他重申中共堅持「一個中國原則」立場，不會改變。張銘清並進一步指出，「所謂跨黨派根本是名實不符，它到底是跨那一個黨派，還是獨派與無黨籍人士在那兒；所以他們作成的所謂『三個認知、四個建議』，雖說有個三、有個四，我認為這個文件是『不三不四』、

『不倫不類』，充斥著廢話和空話，完全是文字遊戲」。張銘清最後表示，北京的態度非常明確，即堅持「一個中國」原則是一貫的、不會改變的。任何人、任何「所謂」小組，只要不承認「一個中國」原則，只要不承認九二年兩會達成的一中共識，甚至明目張膽的鼓吹「兩個中國」，都是非常危險的。

　　對於有人問起陳水扁提及「一年內兩岸關係不會有問題」的說法，張銘清則進一步表示，上述談話過份樂觀，沒有根據，是粉飾太平的說法，不顧兩岸政治僵局沒打開的基本事實。張銘清強調，當兩岸都認同「一個中國」，兩岸關係就會比較穩定地向前發展，當台灣當局領導人不承認「一個中國原則」，兩岸關係就處於不穩定狀態，就會倒退。[7]

　　事實上，從張銘清對跨黨派小組共識的批判用如此強烈語辭，以及反駁陳水扁「兩岸穩定論」看法持那麼不以為然的態度，已經呈現北京當局對陳水扁大陸政策進入「不耐煩」的情景，比起早期對陳水扁尚保留「期許」，顯見此時的對台政策已有調整的跡象。

第四節　迷惑階段

　　2000年最後一晚，陳水扁發表一篇電視談話，題目名為「元旦祝詞」，本來以為只是應景的講稿，結果由於他提及了「統合論」的看法，顯然與他過去的政策談話有極大的區別，也因而導致台灣內部有了不同的解讀。而中國大陸，特

別是官方，也對這樣的說法採取了並不是很正面肯定但也不能強力駁斥的作法。某些程度上來說，中共當局似乎尚帶有點迷惑的神色。造成這樣情境最主要原因，就是陳水扁的「統合論」並沒有明確定論可以讓外界來斷評。

　　中共國台辦主任助理孫亞夫的回應就是典型的代表例子，他沒有肯定「統合論」的說法，可是他又無法嚴詞駁斥，唯一他能評論的，就是只能再次一昧的重申一個中國原則的堅持。

　　我們將孫亞夫在2001年3月16日的看法透過新華社的報導摘錄如下，就會發現上面的評析有它的道理存在，孫亞夫說：

　　「第一個問題關於『統合論』，我要表達的態度，我們主張『和平統一，一國兩制』。如果台灣當局領導人，確有誠意改善和發展兩岸關係，他就應當承認一個中國的原則，凡是不符合一個中國原則，違背海峽兩岸統一目標的主張，我們都是不贊成的。

　　第二個，關於台灣當局領導人講到什麼程度，就算是不是某一種意願表達的問題，我想這個應該全面的來看了，實際上你很明確，你很明白，在台灣相當的一部分人都認為他沒有承認一個中國原則，不是我這麼說，在台灣的很多人都這麼認為，他只做到了認為曾經有過一個中國，也不排除討論未來的一個中國，他就不願意承認一個中國是現實的。

　　一個中國確實是現實的，它是一個事實，是兩岸同胞的共識，也是國際社會都承認的一個事實。所以說，台灣當局

領導人，迄今為止的表現可以說他沒有明確承認一個中國的原則。」[8]

　　儘管，這個階段北京鑒於陳水扁「統合論」的提出並無明確的內涵，在形式上到底對台北要採正面接納或負面排斥的態度或許有其困難，不過在私底下，中共官方已經開始著手整理對陳水扁就職半年以來其大陸政策推動手法之評估。

　　據瞭解，北京固然有其自信能掌握或主導其對付陳水扁的策略運作，但另方面它也不得不承認，由於陳水扁的模糊政策，使得中共對台政策中也產生了「不利因素」。

　　譬如說，北京持樂觀的看法是「陳水扁上台後，迫於中共強大壓力，在『五二○』講話中說出了在所謂『中共無意對台動武』的前提下，保證在其本屆任期內不會宣布獨立等『五不承諾』，『五二○』後，北京進一步對陳水扁施加壓力，逼迫其承認『一個中國原則』，陳水扁雖未接受『一個中國原則』但不得不一再被迫在這個問題上表態，被中共牽制。」

　　不過北京還是承認陳水扁的大陸政策策略運作仍有中共無法全盤掌握的「不利因素」。

　　譬如說：「陳水扁由『明獨』轉為『暗獨』，用軟硬兩手與中共周旋。陳水扁一面做出『五不承諾』，避免發生兩岸戰爭，另一方面，拒不接受『一個中國』原則，不承認『九二共識』，拖延兩岸直接『三通』。」

　　從上面國台辦主任助理孫亞夫無法直接回應「統合論」的說辭，以及中共內部評估來看，顯見就是因為陳水扁「軟

硬兩手」兼施的策略，使得中共當局無法全盤掌握陳之內心
真正動向。當「統合論」一辭出爐，當然就導致北京的謹慎
回應，因此這段時期可稱之為中共對付陳水扁政策的「迷惑
階段」。

第五節　攤牌階段

　　陳水扁大陸政策導致北京當局最後必須採取全面否定的
「攤牌階段」，並不盡然是由於陳水扁政府的大陸政策有了明
確的改變，其中比較重要的因素，是因為陳水扁遲遲不肯對
「一個中國原則」、「九二共識」以及「台灣人也是中國人」
等問題上的表態，進而產生了不再期待的心態，同時也更加
確定陳水扁無意放棄台獨的意識。

　　不過，再詳細來說，應是下列事件的發生，讓北京對陳
水扁的評估進入到完全確認他已不可能執行兩岸全面合作的
層次：

❖陳水扁就職半年之後開始倡言在其大陸政策主導下的
　「兩岸穩定論」。
❖陳水扁在2002年8月3日發表「台灣與對岸中國是一邊
　一國」主張，北京對他予以「台獨」定性。
❖美國同意陳水扁在2001年5月前往中南美友邦訪問以及
　回程之時可過境紐約與波士頓，並予以高規格的禮
　遇。

❖美國在2001年5月同意軍售台灣四艘紀德鑑，八艘潛鑑
以及其他先進武器的裝備。

我們試以陳水扁在2001年5月前往中美洲友邦訪問途中
所發表的談話作爲例子來說明，其實可以看得出來他很多談
話內容仍保留在過去一年所表現出來的「軟性」與「不作挑
釁」的特點上。但是北京的回應就出現強烈的反彈，而且有
些措詞根本已到達「攤牌階段」的程度。譬如說，陳水扁在
2001年5月22日在紐約與美國企業人士餐敘時曾提到說：
「以前有人認爲說，投票給本人會引發兩岸戰爭，但年來證
明事實並非如此。」[9]可是第二天，也就是說5月23日新華社
就發文抨擊，聲稱「年來兩岸關係陷於僵局、緊張局面不僅
沒有緩解，且潛藏著更大的危機。但台灣領導人聲稱，他的
首要政績是『穩定兩岸』，這完全是靠自欺欺人的謊言來欺
騙台灣民眾和國際輿論。」[10]接著三天之後於5月26日，新華
社再度批判，並發表「自欺欺人的表演」專文，指出兩岸關
係明明是緊張並且陷入了僵局遲遲得不到化解，可是在陳水
扁這方面竟成了「沒有惡化，沒有退步，而能夠趨於穩
定」。因此，該文批評陳水扁從上台至今，幾乎無時無刻不
在爲落實自己台獨理念而苦心經驗。[11]稍後5月30日人民日報
的評論更尖銳，它說「穩定說」只不過是一種自欺欺人的荒
謬說辭，無非是將導致兩岸關係僵持不解的原因推卸給大
陸，欺騙島內民眾和國際公論，掩飾其推行「台獨」路線，
惡化兩岸關係僵局的罪責。[12]

另外，又譬如說，陳水扁於5月23日在紐約與美國智庫

學者座談時，曾提到軍售是因為「台灣是為安全才採購武器，但不表示要和大陸進行武器競賽」。到了瓜地馬拉後在一場與記者的茶敘中，他再度強調「軍售及過境絕非挑釁中國」，這就是所謂「新五不政策」中的其中之一說法。[13]不過，中共的看法卻不完全從如此方向去思考。在2001年美國對台軍售案處理過程中，中共的回應激烈固然有跡可尋，但該年北京方面的動作也出乎尋常，除了錢其琛、周明偉以及前中共駐美多位大使連袂訪美設法阻止之外，中共當局還特別提升國防軍費比上一年度增加17.7%。[14]由此可證中共在這問題上的反彈程度。至於過境問題，一向是中美關係摩擦的重點所在，過去李登輝時代如此，到了陳水扁上台，北京更為反對美國政府提供任何過境機會。因此當陳水扁力辯過境美國並非向中國挑釁時，北京的回應則完全排斥陳水扁的解說，以2001年5月24日中共駐美大使楊潔篪對美國同意陳水扁過境一事提出批評為例，他說：「美國政府卻允許陳水扁於近日自美國紐約『過境』，6月初從休士頓再次『過境』，並放寬對陳在美活動的限制，陳水扁藉機進行了一系列公開活動，大肆兜售其分裂主張」。[15]到了新五不政策說明後，中共更以一連串「文字遊戲」來形容陳水扁的說法。5月29日中新社一篇新聞稿是個最典型的例子，它說：「新五不」是一套辯解詞，一方面替美國違背三個聯合公報作法辯解，一方面也為台灣挾洋自重，武力拒統，以及台灣問題國際化，為在國際間推銷「兩個中國」作辯解。[16]

　　到了這樣的階段，顯見中共的反應以到了「攤牌」的層次。人民解放軍在東山島的演習，似乎是過去一年來北京對

陳水扁不滿累積的一次統籌反映。根據香港文匯報一篇專題
「天鵝絨手套裡要有鐵掌」一文中分析，顯見這次軍事演習
重要的背景是：美國新的大規模對台軍售；中美撞機事件；
李登輝訪日與陳水扁出訪「過境」美國受到非同尋常的歡
迎；「台獨」勢力再度膨脹；和平統一前景益發渺茫；中國
國家安全受到挑戰等因素。[17]而大陸二炮部隊司令員楊國梁
與政委隋明太在紀念中共建黨八十週年暨第二炮兵組建三十
五週年的專文中，特別提到「在同霸權主義與台獨勢力的鬥
爭中，二炮部隊堅決服從黨的政治、外交戰略，做到叫什麼
時候打就什麼時候打，叫打多少就打多少，叫打那裡就打那
裡」。[18]這樣強烈表態的說辭，可能也證明了中共當局對陳水
扁的大陸政策不僅已到了攤牌階段，而且也是中共不滿能量
已累積到必須爆發的層次。

註釋

1 詳請參閱〈中共中央台辦國務院台辦授權就當前兩岸關係問題發表聲明〉,《人民日報》,2000年5月21日,1版。

2 同上註。

3 5月23日接受國際訪台媒體內容,請參閱黃忠榮、羅嘉薇,〈蔡英文:不提兩國論 事實仍存在〉,自由電子新聞網,2000年5月24日,網址:http://www.libertytimes.com.tw/today0524/today-p2.htm。5月29日蔡英文專案報告的內容,請參閱楊羽雯,〈蔡英文:統一、一中兩岸問題有效選項〉,《聯合報》,2000年5月30日。

4 詳請參閱,〈孫亞夫詳說九十二年共識〉,《聯合報》,2000年6月22日。

5 同上註。

6 請見2001年11月28日各報。

7 詳請參閱,〈跨黨派小組共識文字遊戲〉,《聯合報》,2000年12月1日,頭版。

8 詳請參閱,新華網2001年03月16日的報導,網址http://www.xinhua.org/。

9 陳水扁在與美國花旗銀行執行長孟尼吉茲(Victor Menezex)、前副總統丹奎爾等人餐敘時作了上述表示,詳請參閱簡余晏,「阿扁出訪/陳總統與花旗等企業餐敘　盼共同進軍大陸及全球市場」,東森新聞報,2001年5月23日,網址:http://www.ettoday.com/article/987-467867.htm。

10 邱海,〈台灣當局領導人的「兩岸穩定」說是自欺欺人〉,新華社之稿,《人民日報》予以轉載,2001年5月24日,該文詳細內容請

參考人民日報網站：http://www.people.com.cn/GB/paper464/
3420/25915/index.html。

11 邰海，〈評論：自欺欺人的表演〉，新華社北京2001年5月26日電，
該文內容請參考新華網網址：http://big5.xinhuanet.com/gate/big5/
news.xinhuanet.com/china/20010526/592196.htm。

12 劉佳雁，〈兩岸「穩定」，掩耳盜鈴〉，《人民日報》，2001年5月30
日，該文詳細內容請參考人民日報網站：http://www.people.com.cn/
GB/paper464/3462/26294/index.html。

13 請參閱本書附件五。

14 有關這方面的論述，請參考邵宗海〈美國對台軍售政策對兩岸關係
的影響〉，《中山人文社會科學期刊》，九卷一期，2001年6月，頁
1-21。

15 〈陳總統過境紐約楊潔箎抗議〉，《中國時報》，2001年5月26日，
該文詳細內容請參考中時蕃薯藤網站http://ctnews.yam.com/news/
200105/26/144580.html。

16 方焰，〈空談和平，抗拒統一的「新五不」〉，中新社紐約2001年5
月29日電，該文詳細內容請參考中新社網站：http://www.people.
com.cn/GB/paper464/3455/26226/index.html。

17 〈天鵝絨手套裡要有鐵掌〉，香港《文匯報》，2001年6月13日，A6
版。

18 楊國梁、隋明太，〈鑄造戰略導彈部隊永遠不變的軍魂〉，《人民
日報》，2001年6月14日，6版。

第七章

兩岸關係走向之評估

第一節　台灣內部因素影響到兩岸關係

一、「一邊一國」主張對兩岸復談的衝擊

　　陳水扁「一邊一國」的主張，從前面章節的敘述，可以確定執政的民進黨政府已將台灣的中華民國定位在「是與中華人民共和國互不隸屬的主權獨立國家」。儘管陳水扁的幕僚群都了解這是個事實描述，與主張論調的「兩國論」有所不同。但是對北京來說由於陳水扁的陳述是「中華民國」與「中華人民共和國」並存，因此當然與它主張的「一個中國原則」有所牴觸。即使對台北來說，也是與中華民國憲法與法律規範的「一個中國架構」有所違背。所以若特別將「一邊一國」與「兩國論」再做比較可能已沒有多大意義，因為陳水扁的「一邊一國」主張主要就是要排除目前兩岸是「一個中國」架構的立場。

　　但是，才召開不久的中共十六大，江澤民在「政治報告」中再度提及一個中國原則，並說明這為發展兩岸關係和實現和平統一的基礎。江澤民在講稿中除了重述「一個中國原則」新三段論之外，另外尚提到「在一個中國原則的基礎上，暫時擱置某些爭議，儘早恢復兩岸對話與談判。在一個中國的前提下，可以談正式結束兩岸敵對狀態問題，可以談台灣地區在國際上與其身分相適應的經濟文化社會活動空間問題，

也可以談台灣當局的政治定位問題」。[1]

相較於這兩位領導人對兩岸政治定位最新的談話後,我們可以初步的結論,由於兩位的觀點與立場均有相當程度的差距,不要說相互之間沒有一點可以彼此接受對方看法的空間,而且雙方的立場也有相當嚴重的衝突與對立。江澤民在十六大已經定調的「一個中國原則」已毫無退讓的情況下,加上陳水扁也無可能收回「一邊一國」的後退空間,顯見兩岸在未來關係發展裡的確沒有任何樂觀的期待存在。

所以,阿扁「一邊一國」的事實陳述,對兩岸關係的影響實際上已經形成,要探討的只是程度強弱而已。其中有三點值得提出來討論:

1. 陳水扁在「一邊一國」主張提出之後,已被北京正式定性為「台獨」。根據過去經驗,一旦被定性為「台獨」,中共對其不信任心態會持續升高,1999年李登輝因宣示「兩國論」被定性為「台獨」迄今尚是中共「文攻」批鬥對象。因此今後除非陳水扁全面吞回或否定他在8月3日所提出的這項論調,否則難見他在今後對大陸所提出「善意的建議」會得到北京正面的回應。這對陳水扁下一步有意改善兩岸關係的動作或談話均見有障礙出現。

2. 影響所及,陳水扁擔任黨主席的民進黨,在「台獨黨綱」沒有撤廢之前,又多增加了「一邊一國」的負擔,雖然陳水扁在就任民進黨主席時,已宣布以「台灣前途決議文」代替「台獨黨綱」,作為民進黨政府

在推動兩岸關係時要遵循的基礎。[2]但是中共對這樣調整仍持疑慮，未曾對陳水扁信任放寬。因此陳水扁欲想以「政黨v.s政黨」的方式與北京之間增開一道溝通管道的企圖恐怕要落空。而且就短期來說，海基海協兩會管道停擺，民進黨的「政黨接觸」也受排擠，的確已形成兩岸之間已無任何可以促進雙方了解的管道。

3. 至於目前討論熱烈的「三通」問題，從「一邊一國」的主張已充分說明會衝擊到「一個國家內部事務」的論調，而且陸委會非常堅持「直航」必須經過兩岸談判程序，有官方層次的介入與簽署協定。如此一來，一個中國原則即使不取代「一個國家內部事務」前提，北京也必然堅持雙方協商的代表絕不是建立在兩個國家或政府的基礎上，當台北無法提升兩岸航線層級能超越國內線的標準，爭執還是會持續產生，兩岸僵局將回復原貌。

其實分析陳水扁的談話對兩岸關係的影響，在深度層面尚可延伸至「探討對兩岸談判的衝擊」。下面便是探討到因為陳水扁持續主張一邊一國而造成對台北可能的影響。以及以陳水扁「一邊一國」主張為基礎，分析出對兩岸未來可能發展出的談判方向，產生哪些負面的因素。

首先，中共總書記江澤民在十六大政治工作報告中特別指出，在一個中國的前提下，「可以談正式結束兩岸敵對狀態的問題，可以談台灣地區在國際上與具有身分相適應的經

濟文化社會活動空間問題，可以談台灣當局的政治地位等問題。」這項談話的最基本的意義，是顯示目前兩岸一些爭議解決的問題，都必須透過雙方都要支持的「一個中國原則」才能予以進行。台北執政黨當局當然不會輕易接受這項前提，但是面對江澤民近似於「定調」的說明，可能需要多加思索中共近幾年來在「一個中國」說辭上的演變，認真來思考如何因應「一個中國」的說法。

其次，江澤民同時也說「國家要統一，民族要復興，台灣問題不但不能無限期的拖延下去」。[3]這句顯示江澤民個人與中共當局對統一問題或者說藉由兩岸談判來解決統一問題的緊迫感。因此，當北京設定了談判議題，這些議題既是台北所關心的問題，又是邁向統一過程中必須釐清的問題，那麼陳水扁「一邊一國」主張，因與北京「一個中國的原則」有所牴觸而導致兩岸談判問題一再拖延，則那麼屆時北京企圖將責任推至台北身上，儘管不一定得逞，但是台北免不了對「兩岸談判僵局」形成要共同承擔的責任。

而且重要的是，在陳水扁提出「一邊一國」主張之後，美國重申其一個中國政策以及不支持台灣獨立的立場，並且積極鼓勵兩岸要儘早開啓對話。這些聲明顯示美國不會同意陳水扁在未來與中共接觸或協商之時有企圖來建立「國家對國家」的基礎。當然台北自有其獨立自主的立場已經明顯，但執政的民進黨政府也不會天真到認為「台北無須考量美國態度」的地步。中共十六大之後，新的領導班子會逐漸遵循江澤民已經定調的涉台路線，並會提出相對程度更為柔軟的對台政策以及恢復談判的條件，如果屆時陳水扁仍然不放棄

「一邊一國」主張，並將它作為因應中共談判攻勢的條件基礎，那麼台北面對的挑戰，將不只是對岸，更多部分將是來自於太平洋的彼岸。

二、台灣2004年總統大選對兩岸關係的影響

‧ 中華民國第十一任總統大選在2003年春天已將進入白熱化階段，尋求連任的陳水扁遭遇到在2000年總統大選曾各自獨立參選連戰與宋楚瑜的結盟，進而使他的勝選機會就面臨非常嚴酷的考驗。國民黨的連戰與親民黨的宋楚瑜之所以達成共識，在2003年4月18日正式宣布搭檔參選，當然是體會到「合則利，分則害」的道理。但是最重要的還是陳水扁就任近三年以來，政績可說是在內外交迫情況下交出的結果，就內部來說經濟滑落情況一直未能扭轉，而在外部兩岸僵局持續依然，因此在連宋宣布結盟當天，二人的「參選宣言」中都對當前經濟與兩岸的困境提出看法，其中有關兩岸關係部分，連戰是承諾「盡力改善並建立和平的兩岸關係」，而宋楚瑜則說要「尊重兩岸政治及經濟現實，務實處理兩岸問題」。[4]而早前連宋兩人均主張要恢復九二共識，支持「一個中國，各自表述」立場，在在顯示泛藍陣營的大陸政策是比陳水扁目前堅拒承認「九二共識」來得溫和。因而在連宋宣布參選後第二天，台灣極具份量的二份報紙民調顯示連宋大幅領先的結果：其中中國時報民調，連宋配以51%領先陳呂配的26%，而在聯合報的民調，則是連宋配的44%，都勝過不論是陳呂配或陳蔡（英文）配的27%。[5]雖然在台灣選舉，

民調數字只能做爲參考數字，但是挑戰者對現任總統尋求連任時有這樣大幅的差距領先，當然就不得不讓外界產生一個重新整理頭緒的思考；那就是泛藍一旦在2004年奪回政權，將在兩岸關係開創什麼局面。

不過，更重要的是現階段有關2004年總統大選的發展對兩岸關係會有何衝擊，這應該是這個課題的重點：

1. 面臨泛藍不同於目前政府大陸政策的主張與宣示，陳水扁在選前必然更謹慎處理他的兩岸觀。如他要走中間路線，爭取一些冀望兩岸能維持和平穩定環境的選民，那麼陳水扁必然要走出目前政策主軸框架，打破兩岸僵局，交出一份亮麗的成績單。但是這樣嘗試也有其冒險性，首先陳要考慮的是有否可能中間選民未能贏得而基本教義派選民卻捨他而去，其次：北京當局反應是否必然正面，以避免一旦弄巧成拙反而倒過來傷及自己。因此權衡之間，陳水扁的思考必然過於保守，因爲一動不如一靜，其結果反而是導致他對創新措施益發自我克制。

2. 目前泛藍與泛綠陣營雖非走向最後對決，但是初步抗衡局勢已經形成，也因此各方押注的情況也逐漸明朗。這其中北京的態度當是重點。依它目前面臨的態勢來說，當然不應也不會介入台灣的選舉，但是當它過去已與執政的民進黨沒有往來的前例，在台灣內部出現了一個很可能會取代民進黨執政的泛藍陣營時，即使北京不會伸手援向泛藍，但至少肯定已不會採取

與民進黨接觸的措施。《聯合報》的楊羽雯在解析新加坡有意讓辜汪兩位老人在辜汪會談十週年時重晤的構想結果最後不幸破局時就說：「中共當局對於來年總統大選結果有不同想法，既然連宋合成局，就不願再做出任何有利陳水扁連任的政治動作。」[6]

三、「一國兩制」在台灣支持率的提升

中共「一國兩制」的主張過去在台灣一向沒有市場，但是近五年以來，這項主張在台灣的支持率逐漸攀升，從早先的個位數已升至二位數。雖然每個單位所作的民調結果，其中對「一國兩制」主張的反對或支持率或有不同結果，譬如陸委會在2001年7月17日公布的數字是13.3%的支持率，與新黨的立委馮滬祥在7月14日所公布的47.5%的支持率有極大之差距，不過在這相近期間內台灣也有三家主要媒體所作的「一國兩制」民調，卻都有三成上下的支持率，那就是《聯合報》在6月份所作的民調有33%的民眾支持「一國兩制」，《中國時報》在6月20日所發布民調支持數字有29%（包括可以接受與勉強接受），以及TVBS在6月5日的民調有31%的支持率。這其中的現象值得我們注意的是：陸委會與新黨立委馮滬祥所委託的民調，其中產生這麼巨大差距的數字，或可歸因於雙方的政治立場與對「一國兩制」認知不同所造成的差異。但是以三家媒體的公正立場以及公信聲譽，應當不存任何「動機」，況且他們民調所產生的數字均非常的接近，可信度也相對的提高，那麼當陸委會與這三家媒體在民調支

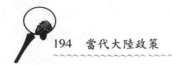

持「一國兩制」支持率的數字上也有近二成的差距時，又作如何的解釋。

　　陸委會副主委林中斌用問卷設計的技術層次不同，以及比較基線較高的說法，來說明陸委會所得出民調結果與其他媒體在數字上有差異的原因。[7]但是它也沒有排斥「一國兩制」的支持率在近幾年確有升高的趨勢。依林中斌的看法，台灣在政黨輪替後，受訪民眾贊成「一國兩制」的比例顯有增加，他將這種現象歸納爲下列幾項可能原因：第一、中共採行「軟的一手」，調整一中的說法，言辭和緩等；第二、大量邀訪台灣意見領袖；第三、大量同意大陸人士來台訪問；第四、對台商優惠措施的進一步落實。同時，他也認爲，兩岸經濟成長的對比，也可能是影響民調數據的原因。[8]

　　但是支持「一國兩制」的數字上升以及反對「一國兩制」的數字急速下降，是不是反應了台灣民眾對「一國兩制」的排斥感也正在逐漸消退或調整之中？是什麼背景或事件的影響導致這樣現象的轉變，可能才是瞭解「一國兩制」主張在台灣發展的眞正關鍵所在。

　　林中斌上面所說的原因可能並不是主要關鍵，東吳大學教授楊開煌曾經分析其中有台灣經濟衰退因素的說法應值得重視。[9]最適當的說法可把「一國兩制」與「經濟衰退」這兩項對台灣均爲不利的因素列在一起評估，然後就會發現當「一國兩制」的支持率逐漸升高時，也就是台灣經濟逐漸衰退之時，取「一國兩制」，那是因爲台灣部分民眾希望「兩害相權取其輕」。如果今後台灣經濟環境復甦，而「一國兩制」的支持率也隨之下降的話，那麼這樣假設的說法就會獲

得證實。

　　但是，當「一國兩制」的支持率在台灣繼續攀高，而台灣的經濟狀況在短期之內也難見改善，顯見對兩岸關係會有重大之影響：

❖「一國兩制」的支持率若繼續攀升到有意義的數字，譬如說支持數字高於反對數字，固然會使得中共對台用武的可能性降低，但相對就會對民進黨政府採取更大談判壓力。

❖「一國兩制」的支持率攀升，也會使得台灣內部統獨爭議對立的狀況可能更為惡化。

❖「一國兩制」的主張獲得支持，會使得政府現行的大陸政策面臨重大挑戰。

第二節　大陸內部因素影響到兩岸關係

一、中共「十六大」後兩岸政治關係之走向

　　從中共「十六大」舉行之後所顯示政治意義來看，基本上我們可以先得出幾個已經影響到兩岸關係發展的結論：

1. 中共十六大的人士布局，儘管新陳代謝的功能增強，老一輩的領導成員開始退居第二線，但是對台政策的基調顯見仍將維持江澤民時期的路線。而且江澤民的

重要親信多數均進入政治局常委，在胡錦濤個別威望尚未全面建立之前，所謂的「集體決策」至少在涉台部分，仍會見到江澤民理念的影子。

2. 江澤民的「政治報告」顯示未來五年中共中央對台政策的基調，除了持續強調「一國兩制，和平統一」的基本方針與「一個中國」的原則基礎之外，將全面走向兩岸政治性談判的議題，企以一舉處理兩岸均關注而且急於解決的問題。而且，江澤民在報告中也首度透露對「台灣問題」解決或「兩岸統一」商談的不耐與急迫感，也助長了兩岸復談的必要性。

3. 兩岸關係不影響到兩岸經貿、文化、人員交流的關係進行，已見證於江澤民的政治報告，這是中共多年來處理兩岸關係的立場。展望未來兩岸之間的發展，如果沒有特別意外的事故發生，那麼北京將兩岸關係與兩岸交流分開來處理的原因將會持續。

但是這些評估主要是建立在目前台灣海峽的情勢靜態的分析上，或者說在這個地區不會發生特別事故的基礎上，當然基本前提是兩岸之間不會發生再有台北刻意挑釁的情事出現。如果再一次類似「一邊一國」主張台北予以強調並付諸於行動，當然就會見到中共對台政策的更弦易策。另外，若在短期之內假設對台系統的人事變動不大，自然一切變化均可按既定的方針和政策來推論，如「三通」的議題，便是其中一例。

不過實際上未來的兩岸政治關係走向的評估，其觀察切

入的角度還需要從下列兩點比較具有動態的變數因素著手：
（1）台北對於十六大所透露出的訊息會是如何回應，進而也可揣摩未來兩岸政治關係走向；（2）中共新的領導班子在短期對台政策維持不變情況下，總得思考長期對台工作的突破，特別在江澤民提出在一個中國的基礎上，兩岸可就多項政治議題進行談判後，這項建議如何落實，不但得從長計議，而且也可揣測出兩岸政治關係走向的一絲訊息。

（一）台北對十六大回應情況下的兩岸政治關係走向

　　中共十六大從揭幕到結束，台北當局始終抱有高度重視與關切，因為這項會議的結果牽涉到中共未來幾年對台政策的走向，同時也會影響到兩岸關係的發展，當然必須予以深度觀察。但是即使台北有如此審慎之心，執政的民進黨政府並沒有在預期之中對中共十六大的「人事布局」及「政治報告」有著墨的反應。這樣的反應也許可有二點原因可來解釋：第一當然是中共十六大的開會過程與結果，均與台北事先預估相差不遠，因此回應一事也就可以趨於平淡；第二則是台北對於自己要走的方向已有定見，中共十六大任何的結論都不會構成對台北既有決定的影響，因此有無意見回應已不是一件重要的措施。

　　從十六大開幕典禮江澤民的政治報告出爐之後，由於內中有江建議的幾項重要政治議題向台北喊話，台灣媒體遂追向陳水扁來詢問有關他的反應。陳當天正南下在高雄助選，面對這樣問題並沒有直接回答，他只是重申台灣如果接受一中原則與一國兩制就會被矮化，另方面他則再度強調「一邊

一國」主張，表示台灣要走自己的路，走台灣路，走出自己的前途。[10]從陳水扁回答內容可以發現，陳既排斥一中原則與一國兩制，並企圖以「一邊一國」主張作為反駁，那麼對於江澤民所建議在一中原則下兩岸要談的政治議題，當然就不會再感到興趣，而且說出「台灣走自己的路」，更顯示出即使中共十六大的任何變局都不會改變陳之既有政策。

　　其實就政治敏感度不高的「三通」議題而言，北京已將其降至兩岸企業與企業或民間與民間的談判層次，但是陳水扁仍然在尋求降溫。除了「三通不是萬靈丹」的說辭之外，在中共十六大開幕當天，陳水扁還趁著巡視左營海軍基地時提醒國人，不要「以為中共高喊所謂的『三通』，所謂的『兩岸直航』的背後就是和平」。[11]這些論調聽起來似乎有異於行政院游院長與陸委會蔡主委希望三通能透由官方談判來促成的主張。其實瞭解游蔡兩人所處行政部門必須受到國會監督的位置，是有其不得不提「需經談判」程序的說辭。但實際上，民進黨政府的政策從來無意在一中原則下走上談判桌。代而取之的，是希望北京在尚未定位台北之前就能以對等地位原則要求談判。這樣的「要求」現階段對北京來說，的確沒有辦法就立刻予以接受，加上北京自行提出來兩岸「不是中央與地方關係」的「平等協商」又無具體內涵，因此，喊出「對等談判」為前提，「一中原則」為議題，反而就變成了台北的護盾，進而也就技巧躲開北京要求復談的喊話。

　　譬如說，行政院長游錫堃針對江澤民的建議就在立法院說明，只要不預設政治前提，擱置爭議，兩岸什麼議題都可

以坐下來談，進行交流與對話，儘速復談。游院長也說，中華民國已做好準備，而在對等、尊嚴的原則下，他也願意代表政府與對岸去談。[12]這些話聽起來固然是鏗鏘有力，擲地有聲，但隱約中似乎也發現與上述「籌碼論」有點相似。其實說白點，就是民進黨先建立起台北並不畏懼也不排斥兩岸談判的印象，但是相對的卻可先去除北京「一中原則」這樣不合理前提，然後再換上「對等尊嚴協商」的前提。在明知北京無法接受的情況下，就可技巧迴避了台北原本不曾想去規劃的兩岸政治談判。其實，游院長非常清楚這樣策略上的要求，中共絕對不會接受，當然這樣的談判兩岸也不會舉行，因為游院長在稍後的一段補充裡根本就是存心讓談判的預產期成為死胎。例如游院長說：「中共十六大涉及中華民國與中華人民共和國兩國，這是國際的大事，所以在尚未完全瞭解相關情況之前，對『另一個國家』的事情我不方便置評」。[13]如果把游院長這段談話對照江澤民政治報告中所指出「對任何旨在製造『台灣獨立』及『兩個中國』、『一中一台』的言行，我們都堅決反對」這一段文字，實在看不出來兩岸恢復或進行談判的基礎在何處，更遑論尚需要兩岸各自定位的政治性談判。

　　所以台北對十六大的回應立場已是非常清楚的表達，下列的簡要說明正好顯示台北在這場「攻防之戰」的策略措施：

❖台北對自己要走的路已有定見，因此對中共十六大仍在「一個中國原則」框架下的建議，採取冷漠回應的

態度。

❖台北不願造成國際社會誤解它仍在拒絕兩岸復談，因此想塑造一種不畏懼不排斥兩岸談判的形象是個重點，而希望剔除北京「一中原則」不合理的前提要求則是另一個重點。因此提出只有沒有前提，雙方可以談任何問題包括一中議題，便植因在此。

❖台北強烈不接受「一中」前提，但另方面自己卻不經意提出「對等尊嚴」前提。這固然是「嚴他人寬自己」，不過台北的想法是從「弱者生存」理論出發，認爲這樣說法可獲得外界的同情與支持，可是卻無意間締造對兩岸談判的困境，就是兩岸之間除「一中之爭」還有「前提之爭」。如此情況，北京會受到責備，但台北又哪能豁免？

基於台北可能採取的回應策略，兩岸未來政治關係走向在這樣情況下應可能出現下面幾種結局：

1. 兩岸目前僵局不會有突破可能，連帶所及，兩岸政治關係無法順利往正面發展走向推動。朱鎔基在2003年3月5日人代會政治報告中再度重申爭取兩岸在一中基礎上復談，正說明這個底線不會鬆動，兩岸政治性談判機會更加渺茫。[14]

2. 在2004年總統大選之前，兩岸關係會是個爭辯的議題，但卻也是個不會有結論的議題。也因此，在2004年5月新的政府上台之前，兩岸關係仍會在原地踏步。

3. 美國會希望兩岸儘早進行對話，但在中東與朝鮮半島
　 緊張情勢影響之下，這樣的期望會流於口號式的宣
　 示。台北在沒有太強的外界壓力下，也是形式上宣示
　 希望兩岸關係儘早恢復協商，但在實質上不會有過於
　 主動或承讓的動作，當然最後必將導致兩岸政治關係
　 發展的停滯。

　　當然歷史的經驗法則告訴我們，沒有任何一個立場是永
遠不會鬆動的。而原則與前提之所以會存在，就是因爲在如
此的大環境下有此需求。所以一旦「大環境」開始改變或轉
型，是否意味著兩岸雙方立場會各自退讓一步以求更具彈性
可爲對方接受？這可能性當然是存在的。而且沒有理由去排
除任何一項可能，只是在可預見的未來幾年裡，的確看不到
兩岸關係有突破的現象。

（二）北京是否考量在長期規劃下落實江澤民的談話內容

　　就如同前面的敘述，在胡錦濤上台之後短期之內，他必
須先求「安內」才能有餘力來處理對台工作與對美關係。況
且他也需要「江規胡隨」，對台政策一旦在遵循江澤民路線
之後，短期內也看不出有調整的必要。不過，中共考量「台
灣問題」的解決或「統一大業」的完成並非只基於兩岸之間
的情勢，更需要的是把整個國際格局一起擺在平台上來處
理。當這樣思考模式確定，那麼中共在衡量台灣問題時就必
然要有長期規劃的心態。特別針對江澤民政治報告中幾項政

治議題的談判，與整個報告中突顯出對台灣問題解決的時間緊迫感，[15]顯見要去落實之前必然需要整體設計。這樣的設計是否會對兩岸政治關係產生影響，則是另一個值得探討的問題。

　　江澤民十六大政治報告中對兩岸終止敵對狀態協議簽署需要雙方談判協商來達成一事，已是多次提及。1995年1月江八點宣布之時，這項議題建議便是八點中的其中一點的看法。而在此之前的「告台灣同胞書」（1978）、「葉九條」（1981）、「台灣問題與中國統一」白皮書（1994）均有提到到兩岸應透由國共兩黨或雙方來終止彼此的敵對狀態，甚至於1993年4月辜汪新加坡會談之前，汪道涵、王非國、唐樹備均不諱言希望與台北在會議中提及「和平協議」或「終止敵對狀態協議」的討論。[16]而在江八點之後，亦有中共十五大政治報告，2000年兩岸關係白皮書有提及這樣的建議，顯見這樣議題的談判在北京當局的心目中是最優先順序的排序。為什麼北京會對這項議題有這麼高度的重視，作者曾經在稍早一本專著中提及三個原因：

1. 設法來爭取台灣民眾對其政策的認同，台海的和平環境一直是台灣民眾最樂見的結果。另方面，也是減少台灣民眾對其統戰活動的反感。
2. 終止敵對狀態，是符合中共對台政策中「和平統一」的原則。
3. 在「國統綱領」或台北其他重要聲明裡，有關不使用武力、不杯葛國際空間以及不否定政治實體，一直是

台北當局認爲可使中共有善意回應的著力點所在。但是從過去的雙方互動情況來說，這三項條件北京兌現，顯然也有其現實政治上顧慮與困難。不過若以三項條件各自開來單獨檢視，又發現不使用武力的條件，會比另外兩項條件來得筆記容易實現。[17]

　　雖然這是稍早前的解析，仍可發現可以適用在現階段解釋江澤民爲何優先建議這項議題的背景上。實際上，更有力的說法則是江澤民另外二項建議的議題：「台灣地區在國際上與身分相適應的經濟文化社會活動空間問題」與「台灣當局的政治定位問題」，若需進入兩岸談判的程序，依北京的立場，可能必須要先解決兩岸目前敵對狀態的問題。因爲根據北京的說法，兩岸自1949年以來內戰尚未結束。[18]這也就是說，台灣的政治地位必須在內戰狀態的背景消失之後才能賦予，而「台灣與其身分相適應」的國際組織參與，也可在台灣政治定位確定之後就能合理解決。這說起來似乎是北京一廂情願的想法。但是就北京目前面臨兩岸現實環境來看，卻是它最能務實的提供出所謂的「解決方案」。

　　其實台北要求的敵對狀態終止，不是在「一個中國原則」下的談判達成。只要中共在台北1991年4月宣告「動員戡亂時期終止」之後也能做到同樣片面宣示「不再使用武力解決台灣問題」便已足夠。至於「國際空間」的不予杯葛，台北最希望的可能是所謂的「政府間國際組織」能予參加，譬如說申請加入聯合國仍是台北最盼望的外交努力目標。即使在「台灣的政治定位」方面，不用言辭上的「國與國」或「一

邊一國」來定位，也至少要說明在「台灣不隸屬中華人民共
和國」的立場上。就此而言，北京的接受程度當然相對就會
很低。但是爲什麼明知台北最後會有如此要求，江澤民仍然
願意把議題搬上檯面呢？這內中的考量當有其不爲人知的奧
妙，但是至少有兩點是可以摸索出來的。

❖當然這些議題在經過談判之後，會與北京原先構想有
所差異，或許結論會較偏向台北。不過由於前提是
「在一個中國原則前提下」，任何江所建議的議題即使
談判至變質的地步，仍然脫不了「一個中國」的框
架。只要不會形成「兩個中國」或「一中一台」，北京
就願意塑造主動提供兩岸關心議題的談判形象，希望
藉此贏得國際社會，特別是美國的認同，讓無意走上
談判桌的台北更形困境。

❖這些議題也是北京目前認爲急待解決的困境。兩岸之
間沒有和平的環境中共對台任何動作或部署都會動輒
得咎，同時國際社會對北京不願意放棄對台灣用武也
一直頗有微詞。而另方面，由於兩岸對比之強弱懸
殊，弱者的形象往往也讓台灣在任何國際間的訴求得
到同情與支持。北京當然希望在給予台灣適當的政治
定位與國際空間之後，能扳回一城。因此，在不會導
致台灣走向分離主義的保證下，如何在這方面議題讓
兩岸有更寬闊的討論空間，就成爲中共在十六大之後
最重要的考量。

因此，就此推論，兩岸關係受到此一要求談判趨勢影響

的將是下列幾點：

1. 北京會在十六大進行更強一波的「要求談判」攻勢，
   而且這項攻勢的目標並非只會鎖定在台灣一地，很可
   能會遍及歐洲、北美與亞太地區，贏取國際輿情的支
   持。除此之外，北京對兩岸復談的用辭，將可能不會
   遵循傳統的喊話方式，是否參考美國一直使用「鼓勵
   兩岸對話，用和平方式解決雙方爭執」的文句，透過
   華盛頓來施壓台北商談「兩岸終止敵對狀態」協議簽
   署，導致台北最後對此建議贊同或反對均有其不得不
   的窘境，這應是北京長期策略的規則所在。相對之
   下，台北若仍以排拒或迴避回應，很可能就中了北京
   的誘餌之計，對整個兩岸關係來說，台北的拒談或另
   提「前提」反而形成自己攻守戰中的劣勢地位。

2. 在台北心裡與實際均沒有準備好的情況下，中共一旦
   採取較強烈的復談攻勢，勢必會引發當局的反彈，與
   人民在不理解情況下的厭惡，因此反而形成兩岸關係
   的惡性循環。長此以往，不僅台北抵制復談心態日
   盛，也可能因此導致北京更進一步的施壓，讓雙方在
   僵局之外再加上對立與仇恨，使得兩岸政治關係的發
   展更蒙上陰影。

3. 當然，北京當局或許以兩岸復談為目標，並不侷限在
   江澤民在政治報告中所提到的三個可談議題。因為這
   其中所涉及過「一中原則」較難使台北在現階段可以
   接受。在2003年兩會舉行期間，前中國社科院台研院

所長許世銓在接任政協委員後，接受台灣媒體訪問時也提到，低政治的議題可以推動，大陸會採取具體行動儘早實現兩岸三通。[19]不過在台北堅持三通議題即使民間協商也必須要有公權力涉入的前提下，對北京來說，在這「公權力」定義未明之下，要接受建議的困難性也一直存在，其結果仍然是卡在兩岸政治關係無法明瞭化。

二、「一個中國」的彈性解釋及其企圖

至於北京，一個中國的原則當然益加堅持。而未來追求中國統一的目標也不曾變動過，不過相當有意思的是，在台灣屢屢提出國家之間關係為兩岸定位時，北京卻讓「一個中國」原則意涵的解釋更加變得彈性，這中間的原委當應值得注意。其變化的過程更顯示北京對於「一個中國原則」的彈性解釋是有其計畫性的步驟。

江澤民在中共十六大的政治報告裡有關一個中國的強調是重申「一中新三階段論」：[20]江澤民認為堅持一個中國原則，是發展兩岸關係和實現和平統一的基礎。江澤民並對「一中原則」擴大解釋把「一中新解」的三階段論，首度放進十六大政治報告，那就是「世界上只有一個中國，大陸和台灣同屬一個中國，中國的主權和領土完整不容分割」。由於江澤民在如此重要場合說明有其一言九鼎份量，說明中共對「一個中國原則」意涵在未來四年內將定調在此。

江澤民的「一中新解」是說明北京當局近年來對「一個

中國」採取比較彈性說辭最後的結語,恐怕在陳水扁持續強調「一邊一國」主張的情況下,會對台北造成某種程度的衝擊。

首先值得注意的是,中共外長唐家璇在2002年9月13日於聯合國大會一般辯論會上發表演說,首度公開在聯合國中宣示北京當局較具彈性的「一中新三段論」。[21]

就內容而言,唐家璇的談話內容並沒有特別的新意。早在2000年9月11日,唐的前輩與長官,擔任中共副總理的錢其琛,在紐約接受香港鳳凰電視台訪問時,就已經提出一中原則的新意涵,主張「大陸和台灣同屬中國」。即使到了2003年1月24日在江八點發表七週年紀念會上,錢其琛仍然如此強調。他說:「大陸與台灣同屬一個中國。海峽兩岸儘管尚未統一,但雙方應積極創造條件,努力緩解矛盾」。[22]

再就時機而言,大陸海協會會長汪道涵對這樣「一中新解」的說法比錢其琛還較早提出,當然更是在唐家璇的談話之前。1997年1月15日在美國華府智庫閉門會議上,汪已經大膽提出「一個中國既不是一種抽象的中國,也不是指『中華人民共和國』,而是江澤民所提出的『一個中國原則』」。1997年11月16日在上海接見許歷農率領的一個代表團時,更是清楚地說出「一個中國並不等於中華人民共和國,也不等於中華民國,而是兩岸同時共同締造統一的中國。所謂一個中國,應是一個尚未統一的中國,共同邁向統一的中國」。至於1999年1月11日在《人民日報》上的撰文,汪道涵則有另一種「一中原則新三段論」的觀點。他說:「世界上只有一個中國,台灣是中國的一部分,目前尚未統一。」[23]

　　就在唐家璇在聯合國大會發表談話之前，同樣擔任過駐外人員，嫻熟國際社會環境的前大陸海協會常務副會長唐樹備，在2002年9月1日訪問舊金山時，向當地僑社提出了一個概念，那就是「兩岸之間，要淡化中華民國及中華人民共和國的政治符號」。根據唐的說法，一個典型的例子就是所謂的「九二共識」，雙方都沒有說出這「一個中國」是中華民國還是中華人民共和國。

　　至於「台灣與大陸同屬一個中國」，唐樹備在再度重申之後也沒有忘記去澄清「這不能說成中華民國與中華人民共和國同屬一個中國」，因為唐說，這兩者概念完全不同。[24]

　　唐樹備的「國號淡化論」與唐家璇的「一中說法內外一致論」，基本上已構成北京在十六大正式拍版定案對台政策基調之前的一些配套措施。不過，最重要的是現行對台政策有關一中原則部分，除了前述有了「彈性」與「軟化」的趨勢之外，尚有二點值得注意的是：

1. 當中共官方提及「大陸與台灣同屬一個中國」時，並沒有完全否認「海峽兩岸上尚未統一」的事實。而目前北京統一口徑所謂的這個「一個中國」，當然是還未完全統一。應是屬汪道涵口中「兩岸同胞共同締造統一的中國」，也是屬唐樹備口中「沒有說出是中華民國或中華人民共和國」。而且，中共對台政策有關一中原則部分，將會在這方面對台北採取攻勢。如果政府認為拒絕一中原則仍然遵循過去模式，認為只是拒絕接受「中華人民共和國」為主體，恐怕在中共論

調再有修正之時，陳水扁的「一邊一國」主張就會變成台北在推動兩個中國或一中一台的政策，美國會否視爲這是「挑釁」動作，可能又招致台北走向辯解的劣勢。基本上，台北應該要仔細推敲，中共近年來「一個中國」說辭的演變，當然也需要認眞來因應「一個中國」的問題。

2. 中共一個中國原則在增加「大陸和台灣同屬中國」與「兩岸尙未統一」的較鬆條款之後，對台北過去要求「對等定位」以及「承認分治事實」已漸備具體回應。因此，兩岸未來給予國際社會的觀察焦點會集中在「台北是否接受一個中國」的問題上，進而會逐漸減少對「中共不合理對待台北」的不滿。在這情況下，陳水扁的「一邊一國」主張如果持續堅持爲兩岸爲國家與國家的基礎，即使強調這樣的立場是爲保障台灣的權益，一旦台灣海峽因爲中共不容而引發新的軍事對峙情勢，當形成另一個戰爭潛在的地區時，台北在那時候想要尋求國際社會的同情與支持，恐怕說服力得需要費上更多力氣。而且民進黨政府採取以前待變的策劃，會失去很多對他有利的機會。首先當是台北政治定位的契機，歧視則是兩岸經濟交流產生的互補作用，沒有適當的協商，大陸市場將沒有台商的大餅。

三、北京申奧成功之後的兩岸關係

2001年7月13日,北京申請主辦2008年奧運成功,台灣工商界人士樂觀的預言,兩岸至少爭取到未來七年之內「台海無戰爭」。[25]但是這樣的評估對民族主義發展與中共高層政治運作有一定程度瞭解的人士來說就會多一層「保留」。這原因無它,最簡單的陳述就是「兩岸問題」不能單一的由奧運主辦所衍生的和平遠景因素所能決定,也就是說這麼一種複雜的民族情感與國家認同的「兩岸問題」恐怕不能只放在「靜態」的模型中去解析。到2008年尚有七年不算短的時間裡,還有些「動態」的變數要納入考量。

首先,必須承認這次「申奧」成功,中國的民族主義扮演了舉足輕重的角色。沒這股意識上的力量,中國舉國上下不可能凝聚成這麼高度的團結意識。這也等於說,今後奧運籌備工作的進行,中國的民族主義情緒必然認定是中國全體力量的投入,而非只是北京「一個城市」的責任。因而值得注意的是,今後台灣在中國大陸眼中將是什麼樣的定位與角色,就會與奧運籌備過程裡,因民族主義意識與感情這塊「變數」互動的影響而產生不可確定的「變局」。舉例來說,在「申奧」成功之後,北京代表在莫斯科曾透過衛星轉播宣示,奧運聖火將經過台灣。這條路線的標示非常明顯的告知在繞港澳之後才經台灣然後再回到大陸,是明確的將台灣歸位在「一國」之內。但台灣體委會的官員則回應說,聖火傳遞經過台灣則需兼顧國家尊嚴的原則,若大陸將台灣視為領

土的一部分，台北絕對無法接受。[26]這種「針鋒相對」的表達，如在過去是屬於兩岸之間的常態現象，但當未來中國大陸籠罩在民族主義情緒下進行奧運籌備工作，一定會把台灣視為共同努力命運體一份子，那麼台北一旦表達這種「異見」，在這樣的時刻裡恐怕引起極大的敏感衝擊。屆時如民族主義的情緒迅速爆發，最令人感到駭怕的是它不是中共高層能予支配，事先既無法預防，事後又難以控制。

更令人憂心的，台灣會發出「異聲」的事件今後絕非只針對聖火路線一項而已，還有更多背景因參與程度及情緒的不同，一旦與混雜民族主義在內的奧運籌備工作有所「對撞」，都可能形成兩岸情緒上的對立。

其次，也需思考中共「申奧」的成功，是否就說明了中共對台政策底線就完全自由解放？這答案顯然是否定的。既然如此，也就是說台北在未來七年之內能在兩岸之間的爭論問題上，如一中原則或兩岸對等政治定位等，事實上並沒能爭到比現在更寬鬆的空間。兩岸關係最後顯見還是在原點上打轉。

至於說，兩岸之間至少因奧運主辦因素而有七年的和平光景，在邏輯上也有無法成立的基礎。因為台灣問題的解決在中共決策高層眼中只是基於最適當的「理由」與「時機」而非時間表，陳水扁政府不公開宣稱台灣獨立，即使北京不主辦奧運，兩岸之間也不能斷論七年之內必有戰爭，換過來說，中國「申奧」成功後，台北若開始有意傾「獨」的方向明顯移動，那麼以現今中共領導班子的個性來說，應該是沒有任何一位敢在對台政策底線上退縮。即使十六大之後新的

中南海領導團隊建立，鑑於權力鞏固的需要，恐怕會採取更強硬的立場。所以，奧運主辦之前七年期限，並非是暗示台北可以易幟的安全期。1980年莫斯科固然主辦奧運，但是蘇聯還是敢甘冒不諱在1979年侵略阿富汗。就算當時以美國為首的西方國家強力杯葛，但是莫斯科奧運最後還是照常舉行。這個例子充分說明了國際社會或主辦國的約束或自我約束力量還是有所限制。

第三節　現階段兩岸關係評估

一、兩岸復談僵局仍難解困

　　在陳水扁宣誓就職三年後，兩岸間的僵局仍未見顯著的改善。造成雙方目前僵滯現況的核心，探究起來仍是原本問題爭議的焦點——亦即台北方面是否接受被北京堅持視為未來雙方對話，相互交流甚至是政治談判前提條件的「一個中國」原則。身為一位在統獨光譜中偏向獨立一方的人物，陳水扁不僅拒絕了北京方面上述的堅持，同時他更考慮將「一中」原則從前提條件中抽離，而作為是「可討論的」議題之一。除了對1992年「一中原則」共識的聲明表示遲疑的態度外，陳水扁其它的相關作為也引發了北京當局相當程度的抵制，更有甚者，中共也拒絕了與陳水扁的官方代表進行接觸，例如來自海基會以及民進黨人士所組成的代表團。

即令陳水扁從不放棄任何機會來表達同中國恢復接觸的意願，但上述北京當局態度的顯現，確是說明了兩岸間要進行更進一步對話的困難性。對陳水扁政府而言，現階段最期盼的一種兩岸對話形式就是如同1998年上海辜汪會談的前例一般，北京不在對話之前即要求台北將「一中」原則置於前提條件的位置上。而無論是之前的柯林頓政府，抑或是現任的布希政府，美方的立場也都對台北與北京的對話抱持著期望的態度。當然，陳水扁需要以「對話」替代「談判」，主要也是著眼於「一中」原則的考量，而藉由中國與台灣的代表相互交換表達各自的觀點時，「一中」原則其實已經被戰術性地轉化為雙方討論的議題了。

　　因此，在陳水扁政府的運作下，台北方面就屢有與北京方面對話的需求與提議。這樣的需求與提議，我們可在許多陳水扁談話的內容中發現，尤其是在國內外與美國國會議員晤面時，更可見到這種痕跡。[27]

　　自2001年初開始，陳水扁政府便開始有調整其大陸政策的例證出現，這些調整的例證，往往都是伴隨著對北京而言過去並無前例的主張或建議。我們可在以下的時間、場合中發現：

❖2001年1月8日在接見民進黨籍立委時，陳水扁即指出在該黨取得執政地位後，局勢對北京而言，乃是一個絕佳處理過去兩岸已呈僵持局面的機會。因為回顧過去，民進黨和中國大陸間確是較少有聯繫與交往的經驗，因此（相較於過去國民黨），民進黨自忖較能拋開

過去長期對立的歷史情結,而較能以理性客觀的態度
來面對彼岸當局。

❖2001年7月5日,陳水扁會見美國哈佛大學甘迺迪政府
學院院長奈伊(Joseph Nye)時,對於北京方面領導
人相對於台灣領導人,缺乏展開和促成兩岸對話的信
心則是表達了遺憾之意。在晤談中,陳總統也提出耐
心是和北京間異中求同,解決爭議的一項重要因素。
此外,他則補充道,期盼有一天北京當局終能夠改變
其行事思維。

❖2001年同日,陳水扁在會見美國著名智庫傳統基金會
(Heritage Foundation)主席傳樂(Edwin Feuler)時,
也表明了寄望布希總統赴上海參加APEC領袖高峰會的
中國之行,能在其中藉著和江澤民晤面的機會,為兩
岸重開封閉已久的對話大門。

❖2002年5月9日,在陪同媒體主管前往金門地區,並至
大膽島參訪時,陳水扁顯然有意將金門與德國柏林圍
牆及韓國板門店比照,有感而發的建議「兩岸必須重
啓協商大門」,而「復談的第一步就是先行互訪」。陳
並事先承諾在同年8月1日之後,將「推動執政黨中國
事務部主任率團訪問中國大陸,以促進彼此的瞭解與
政黨的和解」。這是著名的「大膽講話」,盼望兩岸復
談之情也較前殷切。[28]

❖2002年12月31日,陳水扁在「年終談話」提及「期盼
兩岸當局能透過協商與對話,為台商的權益以及兩岸
經貿的發展營造共統的利基」。第二天,也就是2003年

1月1日，陳水扁在主持中華民國92年開國紀念典禮暨元旦團拜發表談話時更進一步建議「兩岸有必要建立和平穩定的互動架構」，而要邁出第一步，「可以從協商和推動兩岸推動直航及相關經貿議題著手，為雙方文化與經濟進一步的交流提供條件」。[29]這應是陳水扁就職以來，對兩岸協商的議題作了最清楚範圍提供，相對於「大膽講話」所說「復談第一步就是先行互訪」，顯見對兩岸復談的步驟與議題，陳水扁已經胸有成竹，與2001年早期只要求兩岸進行談話的情況，顯示「兩岸復談」對台北來說是個不容再緩的課題。

當然若再加上民進黨涉及大陸事務的官員一些不迴避與北京進行「政治性議題」的談話，當然就更凸顯台北刻意在要求復談之時，在心理上不排除要走上政治談判之處。

❖2001年7月1日，行政院秘書長邱義仁曾對部分公職人員表示，台北方面可以透過中國大陸來開啓一個全新的聯繫溝通管道。倘若中國國務院的對台灣事務辦公室可以接受兩岸間所謂的「官方接觸與對話」，則台北方面將會對此種轉變表示接受和歡迎。而這種建議，也是自2000年民進黨執政後，台北對於兩岸間官方聯繫的一項正式建議。[30]

❖2001年7月10日，陸委會主委蔡英文亦提及民進黨政府為建立起兩岸互信的基礎，設定了一些相關的議題，其中包括了部分雙方分歧且具爭議性的問題。而蔡英文的這項建議一般也被認為是透露了一項訊息，那就

是：台北方面在未來將不再規避任何可能的政治談
判。[31]

　　觀察了上述重要大陸政策決策人士的談話內容與作為，
我們可以清晰地發現，陳水扁政府在處理有關要求兩岸復談
或不迴避進行政治性談判相關問題時，對於「一個中國」原
則以及1992年對於一個中國共識的聲明，還是未予處理、著
墨。這樣的作法，也令我們了解到陳水扁政府處理兩岸關係
時是刻意忽略北京當局所設定的前提——承認「一中原則」，
並將之當作己方優先事項的特質。
　　就在蔡英文表達希望為將來更進一步對話設定政治議題
的幾天後，中共方面卻在「黨對黨」的基礎上和台灣方面的
新黨達成了六項共識。就在同一天，《聯合報》也揭露了中
共決定推展一種與台北方面「黨對黨」的談判新模式。在報
導中也說到，之所以默默進行這種新接觸模式的目的，一方
面是否定陳水扁及其政府團隊相關人員對於兩岸官方接觸所
抱持的可能性；另方面則是藉由和台灣方面其它政黨的交
往，向民進黨政府施壓，那就是中國共產黨祇和同意「一個
中國」原則的台灣政黨進行交往。[32]
　　即使江澤民在2002年11月「十六大政治報告」中特別提
及「三個可談的議題」，將「結束兩岸敵對狀態問題」，「台
灣地區在國際上與其身分適應的經濟文化社會活動空間問
題」，以及「台灣當局的政治定位問題」這些極具政治敏感
性的議題搬上談判的建議項目上，不過，他還是「希望在一
個中國的基礎上，至少擱置某些政治爭議，儘早恢復兩岸對

話與談判」。[33]在十六大舉行之後，中共政權也重新人事部署，新的領導班底陸續建立，對台政策未見有任何變更。中共國台辦主任陳雲林2003年4月8日在法國就表示，北京當局「將毫不動搖的堅持一個中國原則，這是發展兩岸關係和實現和平統一的基礎，核心是維護中國的主權與領土完整」。[34]即使一向在台灣問題較少發言的中共總書記胡錦濤亦在2003年4月21日接見了美國參議院訪問團時，亦不例外希望美國信守「一個中國」承諾。胡錦濤嚴肅的表示：「台灣問題的實質是主權問題，是涉及中國是統一還是分裂問題，希望美國能信守承諾」。[35]由此可見，在中共當局如此堅持「一個中國」原則的情況下，兩岸政治性談判即使台北不再迴避，但若以再迴避一中原則策略打轉，當難見有任何官方接觸可能性。即使轉為民間性社團的協商，但海基、海協兩會談判模式的希望所寄已在北京堅持要回到九二共識前提下早告轉化為泡影。一般兩岸民間、企業或個人之間的協商，一方面也受限於北京要求設定在「一個國家內部事務」的框架，另方面也受制於台北陸委會要求必須「公權力涉入」，因此展望在短時間內能有兩岸協商的出現，打破1998年「辜汪會晤」以來的兩岸僵局，已見有其困難重重的障礙。

二、兩岸關係與兩岸交流分開處理

　　儘管兩岸僵局難予打開，但是兩岸交流顯然並沒有受到影響。看起來，兩岸當局都有意將「兩岸交流」與「兩岸關係」分開來處理。首先從數據上可以證明，兩岸交流有逐漸

加熱的**趨勢**：

　　舉例說明，台灣前往大陸探親、商務、旅遊人次：2001年整年有344萬1,900人次，2002年1月至6月約有178萬2,600人次，而歷年下來已有2558萬4,000人次（國人赴大陸探親自1987年11月起開放）；大陸人民來台人次：2001年整年有133,600人次，2002年1月至6月約有76,000人次而歷年來共有77萬6,000人次來過台灣。

　　大陸人民來台從事文教活動：自1987年開放國人赴大陸探親以來，截至2000年9月底，共核准大陸地區人民來台從事文教活動計61,187人次，且呈逐年增加趨勢。其中包括來台從事一般文教交流活動、大眾傳播活動、科技研究活動、宗教活動人士，就整體而言，以一般文教交流活動，46,719人次及大眾傳播活動5,208人次較多；大陸地區出版品、電影片、廣播電視節目及錄影節目近日台灣地區或在台灣地區發行製作、播映及觀摩：自1987年開放國人赴大陸探親大2000年爲止，大陸地區出版品進入台灣地區共計有1118萬9,729冊，出版品在台灣發行有1,621種，廣播電視、錄影節目有42,374卷，大陸電影片進入台灣有59部。[36]

　　經過多年來的兩岸經貿往來，雙方已有近1144億6,290萬美元的貿易額往來（自1988年至2002年6月止）。其中1988年雙邊貿易額是27億2,090萬美元，1995年首度突破100億關卡，貿易額高達114億5,700萬美元，2000年貿易額是創下新高的115億7,360萬美元，2001年爲105億480萬美元，2002年1至6月份兩岸間接貿易總額則是54億1,720萬美元。[37]

　　不但如此，兩岸經貿往來，台灣地區多年來並享有極高

比例的順差，已1988年至2002年6月為止，共享有851億8,030萬美元的順差，其中光在1995年對大陸貿易順差有83億800萬美元，超越了台灣當年對全球貿易順差81億1,600萬美元的數字，這說明了兩岸貿易台灣享有對大陸貿易巨額順差的數字，已讓台灣近年來在對外貿易本應出現逆差的現象得以迴避並繼續亮起綠燈。[38]

　　其次，在政策上也見兩岸有其鬆綁的跡象。特別是台北當局，李登輝時期的「戒急用忍」政策，在2001年也在陳水扁主導下的「經發會」，建議以「積極開放，有效管理」的政策所取代。而且陸委會主委蔡英文也強調，「兩岸經貿政策進程將會持續推展，尤其落實經發會共識，是當前最重要的工作」。她並重申「已將以往的『戒急用忍』政策調整為『積極開放，有效管理』，也將以往間接經貿往來改成直接往來，並開放直接通匯」。[39]因此，根據經濟部投資審議委員會的資料，截止於2002年6月為止，台商核准前去大陸投資的件數已達24,771件，金額則有214億2,260萬美元。不過，中共「對外貿易經濟合作部」統計的外商直接投資金額，台灣部分的數字顯著的較高，截止於2002年6月止的統計，台商在大陸歷年來的投資件數有33,017件，實際金額316億6,640萬美元，而協議金額更是高達596億9,307萬美元。[40]前陸委會主委蕭萬長在國民黨第十四屆第二次全會中報告「兩岸關係」書面資料裡，曾引用了中共官方方面發布的台商在大陸投資金額數據，顯示其有某種程度的可靠性。[41]

　　至於北京當局在政策上亦復如此，顯然無意將兩岸的僵局帶到兩岸目前處於民間交流的層次上。換句話說，北京立

場即使在陳水扁「一邊一國」主張持續發酵之後，仍會堅持「兩岸政治關係不影響到兩岸經貿關係」或者說貫徹「兩岸關係與兩岸交流」分開處理的原則。江澤民在十六大政治報告中特別有提到「兩岸直接通郵、通航、通商是兩岸同胞的共同利益所在，完全應該採取實際的步驟，積極推進，開創兩岸經濟合作的新局面」[42]同樣的，在錢其琛2002年9月巡視福建時也有提到「主張積極展兩岸往來與交通，實現兩岸三通是兩岸經濟發展的實際需要」。[43]因此由江、錢兩人的論調，可以確定兩岸交流並不會受到陳水扁「一邊一國」主張以及兩岸僵局的影響。

註釋

1 江澤民在中共十六大政治報告中涉台內容全文，標題爲「一國兩制和現實祖國的完全統一」。請參閱《中國時報》，2002年11月9日，2版。

2 陳水扁在2002年7月21日當選民進黨主席後，於7月30日首度主持中執會，在會中也首次闡明民進黨的兩岸政策，並以「台灣前途決議文」爲指導中心。陳水扁在會中說，1999年通過的「台灣前途決議文」是民進黨黨綱的重大里程碑，也是民進黨目前處理兩岸問題的最高原則。台灣是主權獨立的國家，目前她的國號叫做中華民國，任何有關現狀的變動必須經由台灣全體人民共同決定。台灣從來就不屬於中華人民共和國；北京當局任何片面的主張都不能強迫台灣人民接受，也不符合國際人權的基本理念。請參閱《聯合報》，2002年7月31日，2版。

3 江澤民在中共十六大政治報告涉台部分全文，《中國時報》2002年11月9日，2版。

4 有關連戰與宋楚瑜的參選聲明內容，可見《中央日報》，2003年4月19日，2版。

5 《中國時報》民調，可參閱該報2003年4月19日，2版。《聯合報》民調，可參閱該報2003年4月19日，A3版。

6 楊羽雯，〈連宋合，中共不再回應扁兩岸政策〉，《聯合報》，2003年4月22日，A3版。

7 對於陸委會委外民調的結果，有關國內民眾對「一國兩制」的接受程度，與國內多家媒體機構公布的民調結果，何以出現高達二十多個百分點的差距，林中斌在2001年7月17日在記者會中特別舉《中國

時報》、《聯合報》與TVBS的民調問卷爲例，說明何以各項民調數
據出現顯著差異。

林中斌指出，《聯合報》民調的問法是：「中共提出了『一國兩制』
和平解決台灣和大陸分裂問題的方案，請問您能不能接受這種辦
法？」他說，《聯合報》也是持續性民調，但其比較基線較高（如
1997年7月，21%贊成「一國兩制」），最近的數據是33%，其增長變
化的幅度與陸委會的民調漲幅相近。

林中斌並說，《中國時報》的問卷是：「請問您能不能接受中共提
出的『一國兩制』主張，（就是依照香港的模式）將台灣看作地方
政府，取消國號，國防與外交主權接受大陸統治，但是台灣享有目
前的民主及經濟」。林中斌認爲，《中國時報》的問卷選項只有四分
法，包括不能接受、可以接受、勉強接受、無反應等選項，卻沒有
「勉強不接受」選項，陸委會的六分法比較精確，具有對稱性，較能
精確反應。請見王銘義，〈陸委會民調：一國兩制，正反民意同步
下滑〉，《中國時報》，2001年7月18日，4版。

8 同上註。

9 楊開煌教授是民國90年6月29日在國民黨政策基金會所舉辦的一場學
　術研討會上回答北京學者宋寶賢的問題所表達的看法。

10 有關陳水扁總統接受記者詢問後的回應內容，可見《聯合報》，
　　2002年11月9日，頭版。

11 許正雄、楊羽雯，〈陳總統：沒有實力就沒有和平〉，《聯合報》，
　　2002年11月9日，2版。

12 行政院長游錫堃是2002年11月8日在立法院回答國民黨籍立委羅明
　　才等人以中共十六江澤民談話爲題，提出質詢時所作的立場說明，
　　詳細內容可見對羅明才委員、曾永權委員、孫國華委員、王昱婷委

員以及張昌財委員的回答，參閱《立法院公報》初稿，第五屆第二
會期，第25期，立法院公報處印行，頁院53-院75。另可參考《中
國時報》，2002年11月9日，2版。

13 這是游院長對立委張昌財的答詢，見上註。

14 有關朱鎔基的政治報告全文內容，可參閱http://www.people.com.cn/
GB/shizheng/252/10307/10308/20030305/936569.html。

15 江澤民政治報告中，有幾點說法是帶有「時間」的概念，譬如說在
第一段提到「早日解決台灣問題」到最後一段「祖國的完全統一就
一定能夠早日實現」，這其中「早日」有其時間上的的緊迫感，若
再加上「台灣問題不能無限期拖延下去」這段話，更加說明中共對
此問題又有不耐的跡象。可參考〈江澤民政治報告〉全文。

16 有關汪、王、唐三人對辜汪會談中可插入「和平協議」或「終止敵
對狀態協議」討論的背景資料，可參考邵宗海《兩岸關係：兩岸共
識與兩岸歧見》，台北：五南，1998年出版，頁275-276。

17 作者這三點看法，是寫在上述專著中第八章「兩岸終止敵對狀態的
共識與推行」，頁268-270。

18 有關此點中共官方的觀點，可參閱「台灣問題與中國統一」白皮
書，其中談到「台灣問題的由來」以及「台灣問題與國民黨的內
戰」，均有說明自1949年之後，國共內戰尚未結束。該白皮書可參
考上述專著之附錄，頁551-552。

19 王玉燕，〈許世銓：大陸對台灣大選做好準備〉，《聯合報》，2003
年3月6日，13版。

20 江澤民在十六大政治報告涉台部分的全文內容，可參考《聯合
報》，2002年11月9日，2版；《中國時報》，2002年11月9日，2版。

21 傅依傑，〈唐家璇在聯大提一中新三段論〉，《聯合報》，2002年9

月15日，4版。

22 〈堅持『和平統一，一國兩制』基本方針，努力推動兩岸關係發展
——在江澤民主席『為促進祖國統一大業的完成而繼續奮鬥』重要
講話發表七週年座談會上錢其琛的講話〉，《人民日報》，2002年1
月24日，4版。

23 汪道涵1991年1月15日的說法，引述於《中國時報》駐華府記者冉
亮的報導，請見該段1997年1月17日，9版。至今汪1999年「一個中
國」新解，台北各段均是引用新同盟會所發布的新聞通稿。有關新
同盟會所公布的汪道涵談話節錄內容，可見《聯合報》，1997年11
月17日，2版。最後有關汪在1999年1月11日在《人民日報》上的撰
文可上人民網查閱。

24 《聯合報》記者藍功中發自舊金山得一篇報導可做參考，《聯合
報》，2002年9月3日，13版。

25 周德惠，〈工商界：一張七年不侵台的保單〉，《聯合報》，2001年
7月14日，4版。

26 有關中共申奧代表在莫斯科宣稱聖火會繞經台灣，是在TVBS新聞
台上播出，並有繪圖註明聖火經過的地點，其中包括台灣。台灣官
員的反應，可見行政院體委會副主委鄧志富的看法，《聯合報》，
2001年7月14日，2版，或陸委會副主委陳明通的看法，《聯合
報》，2001年7月15日，3版。

27 如陳水扁在2000年10月16日與「外交關係協會」進行視訊會議演說
以及2001年11月15日接受中央廣播電台專訪時，皆表達了上述的意
願，詳請參閱總統府網頁內容：http://www.president.
gov.tw/1_president/index.html。

28 陳水扁陪同媒體前往金門並至大膽島參訪發表談話，全文請參照總

統府網站，2002年5月9日，網址http://www.gov.com.tw

29 陳水扁2002年年終談話，全文請閱總統府網站，2002年12月31日，以及陳水扁主持中華民國92年開國紀念典禮暨元旦團拜發表談話，2003年1月1日，網址http://www.president.gov/php-bin/docse/showspeek.php4。

30 相關內容請參考，林美玲，〈目前兩岸半官方的海基會，海協會溝通管道有困難〉，《聯合報》，2001年7月2日，13版。

31 蔡英文的談話可見陸委會網站，網址http://www.mac.gov.tw/big5.cnews/cnews90071002.htm。

32 相關內容請參考，仇佩芬，〈共新黨對黨對話 達成六共識一認知〉《聯合報》，2001年7月12日。

33 江澤民政治報告涉台部分全文內容，可參考《聯合報》，2002年11月9日，4版。

34 陳雲林在法國巴黎的談話，可上中新社網站查閱，http://www.chinanews.com.cn/n/2003-04-08/26/292342.html。

35 胡錦濤對美國參議院訪問團談話由新華社報導，可以上人民網查詢，http://www.people.com.cn/GB/shizheng/16/20030421/977240.html。

36 有關兩岸文化交流活動的一些統計，是由陸委會提供的相關資訊。

37 台灣經濟研究院編撰，《兩岸經濟統計月報》，第118期，行政院大陸事務委員會編印，2002年6月出版，參閱其中表二「台灣兩岸經香港轉口貿易金額統計」，頁18。

38 請參閱上述表二以及表七「台灣對大陸、香港及全球貿易順差統計」，頁18及頁23。

39 蔡英文這樣看法可見她於2002年8月5日上午10時記者會發表四點聲

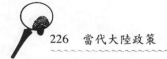

明的第二點，全文取自陸委會所發之新聞稿。

40 同註37，參閱表十「台商對大陸地區間接投資金額統計」，頁26。
不過，大陸方面公布之台商投資資料與台灣方面經濟部資料比較，
兩者無論在件數或金額上差距甚大，究其原因蓋由於以往多數台商
赴中國大陸投資係循非正式管道，或因投資方式或投資項目不符合
現行法令規章，以致無法完全合法登記手續，而爲申報核准；或因
不願投資案曝光而未向投審會報備。再者，雙方統計基礎不同亦爲
造成統計差距之主因：（1）是投審會以協議金額爲基礎；（2）是
中國大陸方面視「三來一補」（來料加工、來件代工裝配、來樣生
產及補償貿易）是投資行爲，因而納入投資統計範圍之內。而台灣
則認定「三來一補」是貿易行爲，未列入投資統計之中；（3）是
中國大陸方面可能將台商與中國大陸方面聯合出資設立合資企業的
資本額也全部納入投資統計中。另外，在投資統計資料多少與台商
實際投資金額間亦有出入差距。

41 蕭萬長之書面資料，可參閱「中國國民黨第十四次全國代表大會第
二次會議實錄」，1995年2月出版，頁161-168。

42 江澤民在中共十六大政治報告涉台部分全文，《中國時報》，2002
年11月9日，2版。

43 有關俞國華、李登輝，以及政府發言人的談話，請見蔡政文、林嘉
誠，《台海兩岸政治關係》，國家政策研究資料中心出版，1989年7
月，頁155-157。

附件一

2000.05.20陳水扁總統五二○就職演說

──台灣站起來，迎接向上提升的時代

各位友邦元首、各位貴賓、各位親愛的海內外同胞：

　　這是一個光榮的時刻，也是一個莊嚴而充滿希望的時刻。

　　感謝遠道而來的各位嘉賓，以及全世界熱愛民主、關心台灣的朋友，與我們一起分享此刻的榮耀。

　　我們今天在這裡，不只是為了慶祝一個就職典禮，而是為了見證得來不易的民主價值，見證一個新時代的開始。

　　在二十一世紀來臨的前夕，台灣人民用民主的選票完成了歷史性的政黨輪替。這不僅是中華民國歷史上的第一次，更是全球華人社會劃時代的里程碑。台灣不只為亞洲的民主經驗樹立了新典範，也為全世界第三波的民主潮流增添了一個感人的例證。

　　中華民國第十任總統選舉的過程讓全世界清楚的看到，自由民主的果實如此得來不易。兩千三百萬人民以無比堅定的意志，用愛弭平敵意、以希望克服威脅、用信心戰勝了恐懼。

　　我們用神聖的選票向全世界證明，自由民主是顛撲不滅的普世價值，追求和平更是人類理性的最高目標。

　　公元2000年台灣總統大選的結果，不是個人的勝利或政黨的勝利，而是人民的勝利、民主的勝利。因為，我們在舉世注目的焦點中，一起超越了恐懼、威脅和壓迫，勇敢的站起來！

　　台灣站起來，展現著理性的堅持和民主的信仰。

　　台灣站起來，代表著人民的自信和國家的尊嚴。

　　台灣站起來，象徵著希望的追求和夢想的實現。

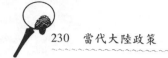

　　親愛的同胞，讓我們永遠記得這一刻，永遠記得珍惜和感恩，因為民主的成果並非憑空而來，而是走過艱難險阻、歷經千辛萬苦才得以實現。如果沒有民主前輩們前仆後繼的無畏犧牲、沒有千萬人民對於自由民主的堅定信仰，我們今天就不可能站在自己親愛的土地上，慶祝這一個屬於全民的光榮盛典。

　　今天，我們彷彿站在一座嶄新的歷史門前。台灣人民透過民主錘鍊的過程，為我們共同的命運打造了一把全新的鑰匙。新世紀的希望之門即將開啟。我們如此謙卑，但絕不退縮。我們充滿自信，但沒有絲毫自滿。

　　從3月18日選舉結果揭曉的那一刻開始，阿扁以最嚴肅而謙卑的心情接受全民的付託，誓言必將竭盡個人的心力、智慧和勇氣，來承擔國家未來的重責大任。

　　個人深切的瞭解，政黨輪替、政權和平轉移的意義絕對不只是「換人換黨」的人事更替，更不是「改朝換代」的權力轉移，而是透過民主的程序，把國家和政府的權力交還給人民。人民才是國家真正的主人，不是任何個人或政黨所能佔有；政府是為人民而存在的，從國家元首到基層公務員都是全民的公僕。

　　政黨輪替並不代表對於過去的全盤否定。歷來的執政者為國家人民的付出，我們都應該給予公正的評價。李登輝先生過去十二年主政期間所推動的民主改革與卓越政績，也應該獲得國人最高的推崇與衷心的感念。

　　在選舉的過程中，台灣社會高度動員、積極參與，儘管有不同的主張和立場，但是每一個人為了政治理念和國家前

途挺身而出的初衷是一樣的。我們相信，選舉的結束是和解的開始，激情落幕之後應該是理性的抬頭。在國家利益與人民福祉的最高原則之下，未來不論是執政者或在野者，都應該能不負人民的付託、善盡本身的職責，實現政黨政治公平競爭、民主政治監督制衡的理想。

　　一個公平競爭、包容信任的民主社會，是國家進步的最大動能。在國家利益高於政黨利益的基礎之上，我們應該凝聚全民的意志與朝野的共識，著手推動國家的進步改革。

　　「全民政府、清流共治」是阿扁在選舉期間對人民的承諾，也是台灣社會未來要跨越斷層、向上提升的重要關鍵。

　　「全民政府」的精神在於「政府是為人民而存在的」，人民是國家的主人和股東，政府的施政必須以多數的民意為依歸。人民的利益絕對高於政黨的利益和個人的利益。

　　阿扁永遠以身為民主進步黨的黨員為榮，但是從宣誓就職的這一刻開始，個人將以全部的心力做好「全民總統」的角色。正如同全民新政府的組成，我們用人唯才、不分族群、不分性別、不分黨派，未來的各項施政也都必須以全民的福祉為目標。

　　「清流共治」的首要目標是要掃除黑金、杜絕賄選。長期以來，台灣社會黑白不分、黑道金權介入政治的情況已經遭致台灣人民的深惡痛絕。基層選舉買票賄選的文化，不僅剝奪了人民「選賢與能、當家作主」的權利，更讓台灣的民主發展蒙上污名。

　　今天，阿扁願意在此承諾，新政府將以最大的決心來消除賄選、打擊黑金，讓台灣社會徹底擺脫向下沈淪的力量，

讓清流共治向上提升，還給人民一個清明的政治環境。

在活力政府的改造方面，面對日益激烈的全球化競爭，為了確保台灣的競爭力，我們必須建立一個廉潔、效能、有遠見、有活力、有高度彈性和應變力的新政府。「大有為」政府的時代已經過去，取而代之的應該是與民間建立夥伴關係的「小而能」政府。我們應該加速精簡政府的職能與組織，積極擴大民間扮演的角色。如此不僅可以讓民間的活力盡情發揮，也能大幅減輕政府的負擔。

同樣的夥伴關係也應該建立在中央與地方政府之間。我們要打破過去中央集權又集錢的威權心態，落實「地方能做、中央不做」的地方自治精神，讓地方與中央政府一起共享資源、一起承擔責任。無論東西南北、不分本島離島，都能夠獲得均衡多元的發展，拉近城鄉之間的距離。

當然，我們也應該瞭解，政府不是一切問題的答案，人民才是經濟發展與社會進步的原動力。過去半個世紀以來，台灣人民靠著胼手胝足的努力創造了舉世稱羨的經濟奇蹟，也奠定了中華民國生存發展的命脈。如今，面對資訊科技日新月異以及貿易自由化的衝擊，台灣的產業發展必然要走向知識經濟的時代，高科技的產業必須不斷創新，傳統的產業也必然要轉型升級。

未來的政府並不一定要繼續扮演過去「領導者」和「管理者」的角色，反而應該像民間企業所期待的，政府是「支援者」和「服務者」。現代政府的責任在於提高行政的效能、改善國內的投資環境、維持金融秩序與股市的穩定，讓經濟的發展透過公平的競爭走向完全的自由化和國際化。循

此原則，民間的活力自然能夠蓬勃興盛，再創下一個階段的經濟奇蹟。

　　除了鞏固民主的成果、推動政府的改造、提升經濟的競爭力之外，新政府的首要施政目標應該是順應民意、厲行改革，讓這一塊土地上的人民生活得更有尊嚴、更有自信、更有品質。讓我們的社會不僅安全、和諧、富裕，也要符合公平正義。讓我們的下一代在充滿希望與快樂的教育環境中學習，培養國民不斷成長的競爭力。

　　二十一世紀將是強調「生活者權利」、「精緻化生活」的時代。舉凡與人民生活息息相關的治安改善、社會福利、環保生態、國土規劃、垃圾處理、河川整治、交通整頓、社區營造等問題，政府都必須提出一套解決方案，並透過公權力徹底加以落實。

　　當前我們必須立即提升的是治安改善與環境保護這兩大生活品質的重要指標。建立社會新秩序，讓所有的老百姓都能安居樂業，生活沒有恐懼。在生態保育與經濟發展之間取得相容的平衡點，讓台灣成為永續發展的綠色矽島。

　　司法的尊嚴是民主政治與社會正義的堅強防線。一個公正、獨立的司法體系不僅是社會秩序的維護者，也是人民權益的捍衛者。目前司法的改革還有一段很長的路要走，國人必須繼續給予司法界嚴格的督促與殷切的期盼，在此同時，我們也應該節制行政權力，還給司法獨立運作、不受干擾的空間。

　　台灣最重要的資源是人力的資源，人才是國家競爭力的根本，教育是「藏富於民」的百年大計。我們將儘速凝聚朝

野、學界與民間的共識，持續推動教改的希望工程，建立健康、積極、活潑、創新的教育體制，使台灣在激烈的國際競爭力之下，源源不斷地培育一流、優秀的人才。讓台灣社會逐漸走向「學習型組織」和「知識型社會」，鼓舞人民終身學習、求新求變，充分發揮個人的潛力與創造力。

　　目前在全國各地普遍發展的草根性社區組織，包括對地方歷史、人文、地理、生態的探索和維護，展現了人文台灣由下而上的民間活力。不管是地方文化、庶民文化或者精緻文化，都是台灣文化整體的一部分。台灣因為特殊的歷史與地理緣故，蘊涵了最豐美多樣的文化元素，但是文化建設無法一蹴可幾，而是要靠一點一滴的累積。我們必須敞開心胸、包容尊重，讓多元族群與不同地域的文化相互感通，讓立足台灣的本土文化與華人文化、世界文化自然接軌，創造「文化台灣、世紀維新」的新格局。

　　去年發生的九二一大地震，讓我們心愛的土地和同胞歷經前所未有的浩劫，傷痛之深至今未能癒合。新政府對於災區的重建工作刻不容緩，包括產業的復甦和心靈的重建，必須做到最後一人的照顧、最後一處的重建完成為止。在此，我們也要對於災後救援與重建過程中，充滿大愛、無私奉獻的所有個人與民間團體，再次表達最高的敬意。在大自然的惡力中，我們看到了台灣最美的慈悲、最強的信念、最大的信任！九二一震災讓同胞受傷跌倒，但是在「志工台灣」的精神中，台灣新家庭一定會重新堅強的站起來！

　　親愛的同胞，四百年前，台灣因為璀麗的山川風貌被世人稱為「福爾摩沙——美麗之島」。今天，因為這一塊土地上

的人民所締造的歷史新頁，台灣重新展現了「民主之島」的風采，再次吸引了全世界的目光。

我們相信，以今日的民主成就加上科技經貿的實力，中華民國一定可以繼續在國際社會中扮演不可或缺的角色。除了持續加強與友邦的實質外交關係之外，我們更要積極參與各種非政府的國際組織。透過人道關懷、經貿合作與文化交流等各種方式，積極參與國際事務，擴大台灣在國際的生存空間，並且回饋國際社會。

除此之外，我們也願意承諾對於國際人權的維護做出更積極的貢獻。中華民國不能也不會自外於世界人權的潮流，我們將遵守包括「世界人權宣言」、「公民與政治權利國際公約」以及維也納世界人權會議的宣言和行動綱領，將中華民國重新納入國際人權體系。

新政府將敦請立法院通過批准「國際人權法典」，使其國內法化，成為正式的「台灣人權法典」。我們希望實現聯合國長期所推動的主張，在台灣設立獨立運作的國家人權委員會，並且邀請國際法律人委員會和國際特赦組織這兩個卓越的非政府人權組織，協助我們落實各項人權保護的措施，讓中華民國成為二十一世紀人權的新指標。

我們堅信，不管在任何一個時代、在地球的任何一個角落，自由、民主、人權的意義和價值都不能被漠視或改變。

二十世紀的歷史留給人類一個最大的教訓，那就是─戰爭是人類的失敗。不論目的何在、理由多麼冠冕堂皇，戰爭都是對自由、民主、人權最大的傷害。

過去一百多年來，中國曾經遭受帝國主義的侵略，留下

　　難以抹滅的歷史傷痕。台灣的命運更加坎坷，曾經先後受到
強權的欺凌和殖民政權的統治。如此相同的歷史遭遇，理應
為兩岸人民之間的相互諒解，為共同追求自由、民主、人權
的決心，奠下厚實的基礎。然而，因為長期的隔離，使得雙
方發展出截然不同的政治制度和生活方式，從此阻斷了兩岸
人民以同理心互相對待的情誼，甚至因為隔離而造成了對立
的圍牆。

　　如今，冷戰已經結束，該是兩岸拋棄舊時代所遺留下來
的敵意與對立的時候了。我們無須再等待，因為此刻就是兩
岸共創和解時代的新契機。

　　海峽兩岸人民源自於相同的血緣、文化和歷史背景，我
們相信雙方的領導人一定有足夠的智慧與創意，秉持民主對
等的原則，在既有的基礎之上，以善意營造合作的條件，共
同來處理未來「一個中國」的問題。

　　本人深切瞭解，身為民選的中華民國第十任總統，自當
恪遵憲法，維護國家的主權、尊嚴與安全，確保全體國民的
福祉。因此，只要中共無意對台動武，本人保證在任期之
內，不會宣布獨立，不會更改國號，不會推動兩國論入憲，
不會推動改變現狀的統獨公投，也沒有廢除國統綱領與國統
會的問題。

　　歷史證明，戰爭只會引來更多的仇恨與敵意，絲毫無助
於彼此關係的發展。中國人強調王霸之分，相信行仁政必能
使「近者悅、遠者來」、「遠人不服，則修文德以來之」的
道理。這些中國人的智慧，即使到了下一個世紀，仍然是放
諸四海皆準的至理名言。

大陸在鄧小平先生與江澤民先生的領導下，創造了經濟開放的奇蹟；而台灣在半個世紀以來，不僅創造了經濟奇蹟，也締造了民主的政治奇蹟。在此基礎上，兩岸的政府與人民若能多多交流，秉持「善意和解、積極合作、永久和平」的原則，尊重人民自由意志的選擇，排除不必要的種種障礙，海峽兩岸必能為亞太地區的繁榮與穩定做出重大的貢獻，也必將為全體人類創造更輝煌的東方文明。

　　親愛的同胞，我們多麼希望海內外的華人都能親身體驗、共同分享這一刻的動人情景。眼前開闊的凱達格蘭大道，數年之前仍然戒備森嚴；在我身後的這棟建築，曾經是殖民時代的總督府。今天，我們齊聚在這裡，用土地的樂章和人民的聲音來歌頌民主的光榮喜悦。如果用心體會，海內外同胞應該都能領悟這一刻所代表的深遠意義──威權和武力只能讓人一時屈服，民主自由才是永垂不朽的價值。唯有服膺人民的意志，才能開拓歷史的道路、打造不朽的建築。

　　今天，阿扁以一個佃農之子、貧寒的出身，能夠在這一塊土地上奮鬥成長，歷經挫折與考驗，終於贏得人民的信賴，承擔起領導國家的重責大任。個人的成就如此卑微，但其中隱含的寓意卻彌足可貴。因為，每一位福爾摩沙的子民都和阿扁一樣，都是「台灣之子」。不論在多麼艱困的環境中，台灣都像至愛無私的母親，從不間斷的賜予我們機會，帶領我們實現美好的夢想。

　　台灣之子的精神啓示著我們：儘管台澎金馬只是太平洋邊的蕞爾小島，只要兩千三百萬同胞不畏艱難、攜手向前，我們夢想的地圖將會無限遠大，一直延伸到地平線的盡頭。

　　親愛的同胞，這一刻的光榮屬於全體人民，所有的恩典都要歸於台灣——我們永遠的母親。讓我們一起對土地感恩、向人民致敬。自由民主萬歲！

　　台灣人民萬歲！

　　敬祝中華民國國運昌隆！

　　全國同胞和各位嘉賓健康愉快！

附件二

2000.06.20陳水扁總統六二○記者會內容（節錄）

壹、總統致詞部分

　　6月13日大家從媒體看到南北韓的領導人創造了歷史性上「握手的一刻」，南北韓長期對峙超過半世紀，意識形態南轅北轍，我相信只要有智慧、只要有創意，就可以完成不可能的任務，我非常感佩南北韓兩位領導人，終於能夠走出歷史的一大步，「握手的一刻」那張照片我掛在書房，我會永遠記得，因為這是我學習的榜樣，也是我應該效法的對象。南北韓能，為什麼兩岸不能？我相信兩岸的領導人同樣具有智慧，同樣具有創意，我們可以一起來改寫歷史、來創造歷史，阿扁在此誠摯地邀請中共的領導人江澤民先生，我們是不是攜手努力，我們也可以共同創造像南北韓一樣的歷史性「握手的一刻」，我們可以不拘形式、不限地點、也不設前提，我們兩位領導人可以坐下來，我們可以握手和解，我相信如何為海峽兩岸的人民做出最大的付出跟貢獻，這是海峽兩岸的全體人民同胞共同的盼望。五二○阿扁的就職演說，我相信很多的人都聽到、看過，但是阿扁要再一次重申強調，不是如同外界有些人所說的，阿扁針對兩岸問題的談話，例如，強調我們不做什麼，其實裡面有很多的我們要做什麼，例如，其中包括阿扁曾說，阿扁做為中華民國的總統，要遵守中華民國的憲法，要來維護國家的主權、尊嚴跟安全，以及謀求民眾的最高福祉；又例如，阿扁曾講，我們希望海峽兩岸的領導人能夠拿出智慧跟創意，能夠秉持民主對等的原則，共同來營造一個兩岸可以合作的新好環境；也

例如，阿扁曾講，我們希望海峽兩岸都能夠尊重人民自由意
志的選擇；也例如説阿扁曾講在既有的基礎之上，我們希望
海峽兩岸大家共同努力，共同處理未來「一個中國」的問
題，阿扁的善意，台灣的誠意，人民的付託，我相信國際社
會都已經可以感受到，我們希望能夠存異求同，在既有的基
礎之上，我們有信心海峽兩岸，絕對可以處理「未來一個中
國」的問題。所謂「既有的基礎」，阿扁要再次補充強調，
過去海峽兩岸海基、海協兩會的接觸、對話，協商與協議，
只要有結論，只要有共識，都是既有的基礎。九二年的事
情，對岸説有所謂「一個中國原則」的共識，但我方認為，
好像事實不是這樣，「一個中國」的問題，有討論但是沒共
識，我們提出來，如果有「共識」，應該是「一個中國各自
口頭表述」，但是對岸認為並沒有這樣的共識，所以如果説
要有「共識」，那是沒有共識的「共識」，所謂「AGREE TO
DISAGREE」。大家同意，雙方都可以有不同的意見，我覺得
非常好。只要大家有誠意，大家有善意，大家願意攜手走出
歷史性的一大步，我們握手和解，我們為什麼不繼續努力，
試著尋找出「一個中國」的涵意，一個能為兩岸所能真正接
受的「一個中國」的真正涵意，為什麼我們不能繼續努力？
我們的「一個中國」的涵意，希望在雙方都能接受的基礎之
上來作結論，我希望五二〇的就職演説，台灣人民、中華民
國國民、包括阿扁在內，不分朝野，大家願意走這樣的訴求
與目的，希望未來的情況能夠變得更好。

　　既然兩岸都可握手和解，為什麼我們國內各政黨間不能
握手和解，我非常恭喜宋楚瑜先生已經出任新生政黨──親

民黨的主席，我也非常恭喜中國國民黨這兩天臨全會順利圓滿成功，也恭喜連戰先生順利高票當選中國國民黨主席，民主進步黨作為執政黨，謝長廷先生也即將順利當選黨主席，我一直在想，台灣這麼小，我們希望能力行政黨政治，但是政黨政治不是你死我活的政治，政黨政治可以監督、制衡，更可以公平競爭、分工合作。所以阿扁呼籲我們所有的政黨，為了國家的利益，為了人民的利益，我們有很多可以合作的空間，阿扁準備、也希望各個主要政黨的領導人，能相對善意回應，阿扁希望在民主進步黨新任的主席正式誕生之後，我可以有機會，邀請三個主要政黨領導人，包括連主席、宋主席與謝主席，能在總統府，我們一起坐下來握手和解，我們可以共商國是。為了國家的利益，為了人民的利益，為了台灣的未來，我相信應該沒有婉拒的理由，我希望歷史性的這一天能儘快到來。

貳、問答部分

　　一、問：總統您好，您剛提到很羨慕兩韓領導人可以握手和解，同樣的也希望兩岸也可以握手和解，找出雙方可以接受「一個中國」的意涵，兩岸跨黨派小組月底將召開會議，在「一個中國」意涵的凝聚共識這一部分，是否為您交付小組的第一個任務？另外，剛剛提到會邀請三個主要政黨的領導人，希望握手和解，是否這三位主席也會納入跨黨派小組來凝聚共識？（中央社陳盈盈）

答：非常感謝，跨黨派小組的運作，目前由中研院李遠哲院長來負責，相信名單很快會出來，接著就可以召集開會。希望能凝聚朝野的共識，也希望能凝聚兩岸問題的共識，當然這是一個非常艱鉅的工程。因為國內是一民主、多元的社會，很多意識形態甚至南轅北轍，但是只要我們能夠走出第一步，讓此機制能運作，一方面凝聚國人的共識，一方面也讓對岸瞭解在一個民主、多元的台灣內部，跟中國大陸顯然是不同的。中國大陸可以一言堂，可以由上到下，由下到上，全部講相同的話，但是在我們台灣不可能，所以很多事情如果繼續擴大彼此的歧見，永遠就彼此互不相容。為什麼我們不試著建立已經有的共識，以及有交集的這些結論，而且能從中加以演繹，進一步來發揮，所謂的「存異求同」，只有這樣，距離才能拉近，否則距離越來越遠，這絕非大家所樂見。當然對於未來，跨黨派小組的成員，如何來物色、延攬，這是小組他們的工作，所以我不敢說應該由誰代表，應該請誰來出任，否則我變成有所踰越，這不是我願意做的事情，不過我還是希望儘快地進行，只要政黨的領導人，大家能夠匯聚，不只握手和解，最主要的目的就是要共商國是，當然兩岸的議題，只是其中一端。今天，三個主要政黨領導人大家在一起，兩岸問題絕對不是唯一的議題，我相信國內很多的議題，需要各黨、各派大家能夠形成共識，一致為國家、為人民來攜手努力，非常感謝。

二、問：剛才總統的演說中特別提到兩韓模式，我想兩韓（南北韓）在聯合國是擁有雙席次的國家，而這次兩國領

導人會面，也是在不設前提的情況下，面對面的對等對談，由於具有這些要素，因此才能對於東北亞的區域和平，發起正面的作用。事實上，總統在就職演說中，已經對中國表達了充分的善意，這一份維持台海安定的用心，其實國際已經給予高度的肯定。但是，很可惜的是中國到現在為止，仍然沒有應有的回應，今天總統再次提出兩韓模式，是否可請總統藉這個機會，深入描述兩韓模式的進一步意涵？（自由時報鄒景雯）

　　答：最近有很多機會接待外賓，當然也包括很著名智庫的負責人，有人告訴我，其實對未來兩岸的和解，我們可以期待，就像兩韓有今天，沒錯，必須要有一定的條件。他們分析，第一：一定是產生了新領導人，像南韓有了新領導人——金大中大統領。所以條件成熟了，條件也改變了。第二個條件就是北韓政局必須穩定，政權穩定也是北韓願意踏出一大步，非常重要的關鍵。第三個條件，當然就是整個國際環境，也必須要有時間上的配合，已經超過半世紀，還能繼續對峙下去，而不握手和解嗎？和解是整個世界的新思潮，也是國際的主流價值，這是一個和解的時代，這三個條件，在公元2000年時比較成熟，所以他們能夠走出一大步。他們也相對分析，海峽兩岸難道沒有類似比較成熟的條件嗎？今天台灣已經誕生了新的領導人，至於中國大陸，江澤民主席的政權穩定，其實也比過去的情況變得更好。一樣的時間因素、國際的環境，對未來兩岸的領導人能夠握手和解，其實也提供了正面的、有利的方向。當然我也瞭解，光是一方的

善意和誠意是不夠的，善意與誠意一定是相互的，我知道問題的盲點，我也知道台灣的限制，但是我們也有很多在亞太戰略之下的優勢和有利的條件，阿扁從三一八到五二○，從五二○到六二○，我們展現的是我們願意以善意的和解、積極的合作、永久的和平，作為海峽兩岸領導人、政府與人民大家共同努力的目標。相信這樣的夢，這樣的願景，只要鍥而不捨，只要有心，一定是有利的。阿扁有信心，也希望大家給新政府更多的鼓勵與支持，國內不要自亂腳步，只要我們能夠形成共識，團結一致，我們就有最堅定的偉大力量，能夠共創台海的永久和平。

三、問：最近台灣政府高層官員說，美國應在兩岸扮演更積極角色，可是不宜作實質介入，請問您希望美國採取什麼樣具體措施，以促進兩岸談判？還有您覺得兩岸早日恢復談判之可能性，您覺得樂觀嗎？（英國金融時報[*Financial Times*]王明[Mure Dickie]）

答：1982年美國政府所提出對中國政策之六點保證，其中一點特別強調，美國不會促談，擔任調人。我相信到目前為止，美國政策並沒有改變，但是我們特別注意到柯林頓總統在今年2月21日當中國大陸提出一個中國政策白皮書時，多次提到兩岸問題之解決應以和平方式，禁止中共使用武力。兩岸問題之解決應該要透過協商來解決，柯林頓總統特別在今年第一次提到，也是外界一般俗稱所謂「對中國政策的第四個支柱」，就是兩岸問題之解決，最後仍然要經由台灣人民同意，這就是我剛才特別提到尊重人民自由意志之選

擇，所以美國不會選擇扮演調人，但是他絕對可以扮演更積極角色，就如同柯林頓總統多次提到兩岸問題之解決，最後仍然要經由台灣人民同意，尊重台灣人民自由意志之選擇權，這就是積極扮演之力證，我也相信只要美國願意，他絕對可以繼續扮演更積極角色，因為維持一個台海之永久和平，不只符合台灣之利益，也是美國之共同利益。今天阿扁之就職演說，能夠讓美國滿意、國際肯定，我相信相當程度也可以瞭解，其實我們彼此的溝通沒有任何的障礙，其實我們對很多問題的看法非常一致，我也相信在這樣一個基礎之上，未來我們會更加努力，我們也希望有關一個中國意涵必須要建立在雙方都可以接受之基礎上，來作出結論。沒有共識的共識，有時候是現階段最好的共識。我們希望中華民國和美國在維持台海和平、在捍衛亞太地區之安全和穩定，能夠做出更大的努力和貢獻。

四、問：總統先生您好，您剛剛特別提到由中研院院長李遠哲先生所召集的跨黨派召集小組將在6月底成立，不知道這樣的一個跨黨派小組將來在現行的決策體系定位如何？以及他和即將改組但遲遲沒有下文的國統會，另外還有陸委會和海基會現行決策機構互動關係為何？（中國時報張瑞昌）

答：我在五二○的就職演說已經強調，也就是說，目前沒有廢除「國統會」和「國統綱領」的問題，所以國統會將繼續存在，至於國統會會怎麼樣運作，由於新政府成立伊始，我們希望能夠有充分的時間，相關的幕僚單位一定會經

過非常縝密的討論、研議，再進一步提供給我作參考。我也相信陸委會及海基會所扮演的角色，也不是我們跨黨派小組所能取代的，我也相信未來海峽兩岸的對口，仍然必須要仰仗海基會，仍然要借重我們的辜振甫董事長，一切都不會改變，我們跨黨派小組就像國統會也好，或者國安會也好，扮演的是一種諮詢和幕僚的角色，特別是國安會是諮詢幕僚的角色，今天跨黨派小組也是一個幕僚的功能，所以不會取代國統會，也不會取代陸委會，更不會取代海基會，我們希望未來能夠積極來開會形成朝野的共識，我們希望各界在整個跨黨派小組即將運作的時候，能夠給他們更多的鼓勵與期勉的掌聲。謝謝。

五、問：我想把問題拉回兩岸問題上，目前中共對您還是聽其言、觀其行，並未表達多少的善意，尤其中共又不斷地擴充軍備，在將來是否會影響我們的三通政策，我們三通政策的底線在那裏，會不會在「一個中國」上讓步來表達善意？（民視許仲江）

答：有關三通的議題，我一再說明，在國家的安全可以確保的大前提之下，我們願意依照市場法則、比例原則和互惠原則來做全面的檢討、推動，就如同我在五二〇就職演說中，為什麼不提三通議題，最主要我知道「三通」也好，甚至「小三通」也好，如果兩岸沒有坐下來、沒有接觸、沒有對話、沒有協商，就不可能有「小三通」，遑論「大三通」，因為要通，涉及到一些口岸的檢疫、通關的問題，在在的需要大家能夠坐下來好好溝通、對話。所以，問題的重點是，

如何能讓海峽兩岸像辜汪會談，能夠重啟協商的大門。如果連這樣一步都做不到，說要「小三通」、要「大三通」都是緣木求魚！個人願意以最大的誠意，做最大的努力，希望海峽兩岸的領導人都能拿出智慧、創意與負責，為兩岸的協商重新開啟大門，來繼續攜手努力。

六、問：剛才總統提起南北朝鮮半島現在的情況，現在南北韓商量在後年舉行的世界足球比賽合作，海峽兩岸有關2008年的奧林匹克大會，北京已經有希望主辦，對這個問題，總統個人看法如何？（日本共同通信社[Kyodo News]岡田充[Okada Takashi]）

答：天底下沒有不可能的事情，我們相信對於北京在公元2008年主辦奧運會，作為台灣人民一份子，我們要給予最大的祝福。所以包括未來我們也不排除，支持北京當局能順利爭取主辦奧運會，當然如果可能，其中一部分奧運會比賽項目也可以移來台灣一起舉行。所以事情看起來好像非常敏感，目前看起來好像絕對不可能。不過還有8年的時間，我覺得沒有不可能的事，只要大家有誠意，大家願意握手和解，天底下沒有不可能的事情。

七、問：總統在接見外賓時首次對兩岸邦聯制的構想，表示是新的構想、新的思維，可作為人民凝聚共識的進一步思考。請總統對此部分做具體說明。（真相電視吳家翔）

答：我講「邦聯」，不是在接待外賓時所講的，而是在拜訪孫資政運璿時所提的。我覺得我們沒有預設立場、也沒

有預設前提、也沒有預設結論。我們是希望在這樣的一個挖空自己、留待很多可以填補的空間，願意跟中共的領導人坐下來談。我相信就像南北韓，他們坐下來並不等於一定要有預設前提、預設立場，我們所瞭解的南北韓對於所謂的「朝鮮半島的統一政策」，其實也南轅北轍，目前彼此之間並不一致，甚至對南韓來講，所謂從「聯邦」、「邦聯」，甚至到最後是「一個國家」等等這些提議，目前這一些階段性的追求都言之過早，但是沒有預設前提，仍然可以坐下來。所謂的「邦聯」，這只是對未來海峽兩岸的關係可能的發展方案中的其中一個基本思維，到底可行不可行，我相信人民最大，要尊重人民的自由意志的選擇。台灣的未來、兩岸的關係，不是阿扁個人所能夠決定，我也相信不是哪一個政黨所能夠擅自來壟斷，最後是要聽人民的，只有台灣人民——只有兩千三百萬的台灣同胞，才有權利來決定台灣未來的最後走向，謝謝。

附件三

2000.12.31陳水扁總統跨世紀談話

總統談話全文如下：

　　再過幾個小時，公元2000年即將結束，一個全新的世紀就要來臨。正當我們隨著全球的腳步，一起歡欣鼓舞迎接二十一世紀的同時，明天也是中華民國90年的開國紀念日。在此，阿扁要跟所有海內外的同胞共同分享跨世紀的喜悅，一起祝福我們的國家邁向充滿希望的新紀元。

　　回顧二十世紀百年來的歷史，人類的文明向前邁進了一大步。科技的發明實現了許多原本不可能的夢想，讓人類的生活進入前所未有的境地。醫學的進步讓人類的平均壽命延長了將近一倍，而更長的生命、更舒適便利的生活，也讓人類在知識、技術、文化等各方面累積了無數輝煌的成就。

　　從科技與文明的角度來看，二十世紀的確是人類經歷過最好的時代。然而，從另一個角度來看，因為文化的衝突、因為極權主義與戰爭所引發的苦難，卻也讓二十世紀成為累積最多教訓、最值得我們反省的時代。

　　1895年馬關條約的割讓，讓台灣的二十世紀從身不由己的無奈中開始。儘管如此，一百多年來台灣人民要自己當家作主、不向命運低頭的志氣，卻從來沒有改變。從抵抗殖民的統治開始，歷經反共堡壘的角色，到威權體制之下風起雲湧的民主運動，我們可以說二十世紀的歷史特別「眷顧」台灣，因為她讓這一塊土地上的人民，有不斷淬鍊、自我超越的機會。如同前輩作家楊逵筆下「壓不扁的玫瑰」，即使在最黑暗高壓的年代，台灣人民依然維持踏實勤勉、不屈不撓的性格，用一整個世紀的時間為「台灣精神」寫下最好的註解。

　　如今，這一塊土地上的人民所累積創造的「台灣經驗」清楚的呈現在世人面前。中華民國在台灣所締造的經濟成果，憑著「以小搏大」的勇氣，胼手胝足、一點一滴的建立起舉世稱羨的奇蹟。在二十世紀的最後一年，台灣人民更以成熟的民主過程，用政權的和平轉移為自由民主的價值，立下劃時代的里程碑。

　　親愛的國人同胞，再過幾個小時，二十一世紀的第一個日出將從太平洋的東方升起。在世紀交替的此刻，我們應該能夠用心體會，身為台灣人的尊嚴。在全民一起迎接新世紀的同時，我們更應該一起來尋找台灣新的機會。

　　下一個世紀，經濟的競爭力依然是我們賴以生存的命脈。面對全球景氣循環的低潮以及包括美國、日本等國家經濟成長的向下修正，台灣的經濟繁榮將再次面臨高難度的考驗。儘管過去我們曾經安然渡過能源危機與金融風暴，但是政府與民間仍然要為最壞的可能做最好的準備。

　　因應台灣即將加入世界貿易組織，政府有責任面對全新的經濟情勢，將包括兩岸經貿在內的各項課題，重新納入全球市場的考量。過去政府依循「戒急用忍」的政策有當時的背景及其必要，未來我們將以「積極開放，有效管理」的新視野，在知識經濟的既定方針之下，為台灣新世紀的經貿版圖做出宏觀的規劃，並且逐步加以落實。

　　過去的經驗告訴我們，台灣的產業不怕景氣不好，不怕激烈的競爭，甚至不怕嚴格的淘汰，怕的是在下一波經濟的浪潮來臨之前，我們還沒有做好轉型和升級的準備。今天我們競爭的目標不是在國內，不是朝野的競爭，更不是勞資雙

方的競爭，而是要讓台灣的產業、讓我們的下一代有能力跟國際來競爭。

今年的5月20日，台灣歷經了首次的政黨輪替，面對在野黨佔國會多數的生態，過去從來沒有這樣的經驗。新政府一路走來，雖然竭盡努力，但是仍然無法避免跌跌撞撞，這一點，個人應該反躬自省，也願意繼續謙卑學習。

面對過去半年多以來的政經情勢，國人應該都能深刻的體會，有穩定的政局才有經濟的繁榮，有穩定的政局也才有改革和進步。個人認為，如果我們繼續握緊對立的拳頭，彼此的手中將一無所有。唯有張開雙手，我們才能擁有一切，也才有握手與擁抱的機會。唯有政黨和解，朝野合作，才能創造全民最大的利益，也才能為兩岸的未來尋求新的共識，創造新的契機。

回顧二十世紀之初，兩岸人民曾經面對相同的苦難，可以說是一對患難的兄弟。個人在就職演說中曾經強調，兩岸人民源自於相同的血緣、文化和歷史背景，我們相信雙方的領導人一定有足夠的智慧和創意，秉持民主對等的原則，在既有的基礎之上，以善意營造合作的條件，共同來處理未來「一個中國」的問題。

事實上，依據中華民國憲法，「一個中國」原本並不是問題。我們希望對岸能夠深入瞭解台灣人民心中的疑慮在哪裡，對於兩千三百多萬人民當家作主的意志，對岸如果不能尊重體諒，反而會使得兩岸之間的認知產生不必要的落差。

如今新的世紀即將來臨，台灣人民對於兩岸關係的改善與台海的永久和平有最深的期待。阿扁要感謝包括跨黨派小

組在內的朝野各界人士，對於改善兩岸關係所付出的心力。在跨黨派小組提出「三個認知、四個建議」的基礎之上，有關「建立新機制或調整現有機制，以持續整合國內各政黨及社會各方對國家發展與兩岸關係之意見」，這一點個人願意在最短的時間之內做出積極的回應。

　　個人一直認為，兩岸原是一家人，也有共存共榮的相同目標，既然希望生活在同一個屋簷下，就更應該要相互體諒、相互提攜，彼此不應該想要損害或者消滅對方。我們要呼籲對岸的政府與領導人，尊重中華民國生存的空間與國際的尊嚴，公開放棄武力的威脅，以最大的氣度和前瞻的智慧，超越目前的爭執和僵局，從兩岸經貿與文化的統合開始著手，逐步建立兩岸之間的信任，進而共同尋求兩岸永久和平、政治統合的新架構。為二十一世紀兩岸人民最大的福祉，攜手開拓無限可能的空間。

　　最近個人有機會再次翻閱台灣歷史的書籍，其中一張記錄紅葉少棒隊的影像讓我深受感動。黑白的照片上，一個原住民的小朋友赤腳踩在地上，全神貫注的用力揮棒，其他的同伴屏氣凝神的在一旁加油。這是二十世紀的台灣最美麗的寫真，也是我們永難忘懷的記憶。

　　親愛的同胞，如今歷史的棒子交到了我們的手中，二十一世紀即將投出好球、當然也可能有一兩個壞球，讓我們全心全力做好準備，站穩腳步、奮力擊出最漂亮的一球。讓我們鼓起信心和勇氣，迎接充滿希望的二十一世紀。

　　感謝大家。祝福全國同胞新年快樂！

附件四

2001.05.18陳水扁總統「五一八電視錄影談話」(全文)

親愛的國人同胞、各位鄉親父老，大家好：

上個星期，阿扁有機會和多位媒體的主管一起下鄉，實地參訪了各地重大的建設，也傾聽了許多寶貴的意見。從全球第一支幻象戰機聯隊的成軍，到離島醫療、觀光產業、水產養殖的突破；從南部水質改善、產業升級、高雄國際商港的整體規劃，到東部綠色觀光與生技產業的未來發展；在短短兩天的行程中，所有的媒體朋友都親身體驗到，不管是本島或離島，也不分東西南北，台灣到處仍然充滿了生命力與競爭力，台灣人民勤奮踏實、認真打拼的精神，具體的呈現在我們面前。

兩天的行程當中，在澎湖技術學院參觀淡水龍蝦的養殖，讓阿扁印象特別深刻。我們看到養殖的水池裡面，有許多一截、一截中空的管子，解說人員告訴我們：龍蝦在成長的過程中，必須經過一次又一次的換殼，當舊的殼脫去、新的殼還沒有完全長硬之前，十分的脆弱，容易受到其他魚蝦的攻擊，所以要讓它們有庇護的所在，才能順利的換殼，長成更大的龍蝦。

回顧過去這一年，政黨輪替的過程也像換殼的蛻變一樣。不管是從五千年歷史的華人社會，或者半個世紀的台灣發展來看，政權的和平轉移都是前所未有的第一次。不管是執政或者在野的人，都必須經過一段時間的轉型調整，才能學習如何扮演好自己的角色。我們必須承認，一年來朝野政黨的轉型都還沒有完全成功，導致民主蛻變的過程歷經新生的陣痛。儘管朝野政黨都應該更加努力，但是個人願意反躬自省，期許執政的人負起較大的責任，不僅要勇於蛻變、更

要成功轉型。

半個世紀以來，台灣政治、經濟、社會的發展也曾多次歷經換殼蛻變的階段，從依賴外援走向經濟自立、從威權戒嚴走向民主萌芽、從認同危機走向台灣優先，……這些過程都曾歷經換殼的陣痛和蛻變的考驗，其中難免也有挫折迷惘，但是一旦成功的渡過，國家便能邁入一個充滿希望的新階段。

過去這一年，國際社會和全球媒體如此熱絡的對台灣抱持關注的目光，是因為台灣兩千三百萬人民以無比的勇氣開啓了歷史的新頁。就像最新一期的TIME雜誌，對於台灣這一年政黨輪替的過程再次做了詳細的報導，從全球的視野來看，台灣的確面臨艱難的考驗，但是兩千三百萬人民所創造的政治、經濟和文化成就，已經在華人社會奠定了難以取代的地位。

親愛的國人同胞，我們實在沒有悲觀的理由。儘管我們同時要面對政治與經濟蛻變轉型的雙重挑戰，過去這一年，新政府在鞏固民主、穩定兩岸、破除積弊、拓展外交方面已經逐漸有了成績。面對全球經濟景氣的衰退、國內產業轉型的問題，仍然是當前我們最大的挑戰。阿扁深切的體認，各行各業的朋友在面臨低迷的景氣和失業的問題時，不會想要知道是新政府或舊政府造成的問題，更不想看到行政和立法兩院繼續紛紛擾擾。所以，我們除了要求行政院各部會提出對策，加速落實之外，未來半年也將陸續推出國家重大建設的中長期施政規劃。

從長遠來看，台灣要面對低成長、高失業的景氣走向是

一場必然要面對的戰爭，也不可能單靠行政部門獨自完成，必須結合朝野與民間的智慧，才有可能打贏。所以個人希望能夠在總統府設置一個超越政黨的「經濟發展諮詢委員會」，由本人親自主持，邀請朝野政黨、學界智庫、企業領袖、勞工朋友一起參與，為國家經濟長期的發展貢獻智慧、對症下藥，進一步落實「台灣優先」、「經濟優先」、「投資優先」的三大優先政策。

　　個人也深切的體會，唯有停止政治內耗的鬥爭，才有可能打贏經濟發展的戰爭。為了讓政局能夠穩定、為了讓僵局不再持續，我們一方面希望執政黨要堅持改革的理想，爭取廣大民意的支持，讓政黨輪替的工程能夠在新的國會進一步落實；另外一方面，我們也希望結合理念相同、支持改革的在野力量，形成國會的穩定多數，讓行政與立法的互動回歸理性，讓國家重大的政策可以順利推動。

　　過去一年朝野對立杯葛的僵局，已經讓民眾感到厭倦。新政府上任之初，原本勞資雙方與政府三贏的工時案，因為政黨的杯葛，最後扭曲變形，變成三輸的局面，讓我們有很深的感觸和感慨。不管年底選後的結果如何，民眾都不希望看到這樣的戲碼繼續上演。所以，為了國家的利益、為了未來兩年半政局的穩定，我們願意敞開心胸、展開雙手，提出「理念結合、資源分享、台灣優先、超越黨派」的結盟理念，尋求朝野合作的最大空間，不管選舉的結果如何，我們都將在選後籌組聯合政府及國會多數的執政聯盟，共同來改造國會、穩定政局。

　　國內面臨換殼的蛻變，兩岸關係又何嘗不是？半個世紀

的國共恩怨因為政黨輪替劃下句點，面對新的執政黨、新的
國家領導人，對岸也需要一些調整適應的時間。回想去年三
一八和五二○之前，台海兩岸的關係曾經高度緊張、詭譎不
安，許多人也不看好新政府處理兩岸關係的能力，但是一年
來，儘管對岸從來不願意讓新政府得分，但是我們從來沒有
失分；儘管中共一再漠視阿扁的善意與誠意，寧可拉攏在野
與民間人士，分化我們內部的團結，但是事實證明，我們不
只有能力、更有智慧和創意來穩定增進兩岸的關係。最近國
際情勢的發展也讓我們更有信心，因為台海的和平穩定，不
僅是台灣人民衷心的期望，更符合亞洲及全球的利益。

　　阿扁要呼籲國人同胞，我們要站穩自己的腳步，不應該
隨著別人的雜音起舞。我們願意在民主、對等、和平的原則
之下，隨時隨地與對岸展開協商和對話，不論什麼議題都可
以談。去年南北韓領導人歷史性「握手的一刻」，為世界和
平增添了光輝的一頁。對於兩岸關係的發展，阿扁也有相同
的使命感。今年適逢亞太經濟合作會議在大陸的上海舉行，
基於APEC成員的權利和義務，個人今天要慎重表達親自前
往參加的意願。除了經貿的議題之外，個人也願意就兩岸人
民關心的其他議題，包括「三通」的問題，與江澤民先生進
行直接的對話。希望對岸也能夠敞開心胸，勇於打開歷史的
新格局，共同締造兩岸領導人「握手的一刻」。

　　過去這一年，阿扁時時刻刻都在思考：台灣的價值、台
灣的精神和台灣的未來。從地理的條件和人口的數量來看，
台灣不過是太平洋邊的蕞爾小島，全世界和我們面積相似、
人口相當的國家不在少數，條件比我們好的更不知有多少。

但是因為台灣人民的勤奮、樂觀包容的性格、以及教育水平的提升，讓我們的國家一次又一次的蛻變，一次又一次吸引了全世界的目光。阿扁在接見外賓、接受國際媒體訪問的時候，曾經一再表示：台灣因為有偉大的人民，所以不再需要偉大的領袖，但是，我們一定有機會成為偉大的國家！

　　親愛的國人同胞，一時的艱難不應減損我們的自信，短暫的挫折也絕不會磨損我們向上的意志。別人越不看好，我們越要做好！經過蛻變的過程之後，台灣一定能夠創造更輝煌的成就，阿扁有信心，也希望國人同胞一起加油、一起努力！

附件五

2001.05.27陳水扁總統「新五不政策」

第一、軍售、過境美國不是對中共的挑釁

　　陳水扁指出，在軍售與過境美國部分，美國是依據台灣關係法出售武器給中華民國，美國政府的目的在保衛台海安全及維護台灣民主，俾使台灣人民有信心可以與中共重啟協商大門。至於此次美方以 「高規格」待遇讓他過境美國，這也是美國延續過去對我國領導人政策，提供舒適、安全、便利與尊嚴的待遇，陳總統說，他不認為這些是代表對中共的挑釁。

第二、中華民國政府不會錯估、誤判兩岸情勢

　　陳水扁表示，中華民國政府很清楚台灣在亞太地區戰略目標的優勢與劣勢，絕不會因為美國軍售而錯估美國的兩岸政策、進而誤判兩岸的情勢。

第三、台灣不是任何一個國家的棋子

　　陳水扁指出，中華民國是主權獨立國家，有獨立自主的國格、有自己尊嚴，他身為國家領導人，必須維護國家的安全，「台灣是下棋的人，而不是他國的附庸」。

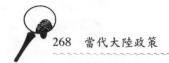

第四、政府從來沒有放棄改善兩岸關係的誠意與努力

　　陳水扁表示，政府致力維護兩岸和平與繁榮的努力可以看得見，例如，同意前行政院長蕭萬長到大陸訪問，雖然蕭萬長受到卸任政務官的限制，但政府還是同意。

第五、兩岸關係不是零和關係

　　陳水扁表示，兩岸領導人都不應該有消滅對方的想法，兩岸可以競爭，但不能有戰爭，台灣不希望大陸變得更壞，同時，希望大陸也要有台灣愈來愈好的想法。

附件六

2002.05.09陳水扁總統大膽講話

阿扁於立法委員時擔任國防召委，就曾經來過大膽島，那時就對大膽島印象深刻，不久之前阿扁曾經來過大膽島探視勞苦功高的國軍弟兄們，那時候阿扁還曾經跟弟兄們說：「我還會再回來。」（I'll be back！）這次不但回來，還特別邀請各媒體的主管們同行，就是要和大家分享阿扁對金門和大膽島的一份特殊感受。

　　剛剛大家在瞭望台遠眺對岸的大陸，阿扁心中有很深的感觸。兩岸距離是那麼的近，甚至用肉眼就可以看到對岸，民間的往來也是如此的密切，這種感覺其實是很特殊和親切的。如果兩岸官方的關係，也能像民間一樣，從已經開放的「小三通」，到日趨熱絡的商業往來，進而能夠坐下來對話、溝通，共同協商解決問題，相信一定有助彼此情誼的增進和互信的建立，也必定能逐步搭建起和平、建設性的兩岸關係。

　　德國的柏林圍牆跟南北韓邊界的板門店非軍事區是國際知名的觀光區，我們的金門，其實有著比柏林圍牆或是板門店更好的條件，來讓世人緬懷歷史、牢記戰爭的可怕。

　　1958年的「八二三砲戰」，也就是震驚全球的「台海危機」，讓金門成為國際矚目的焦點，也讓金門見證了冷戰的歷史，承受了四十七萬發的砲彈，以及日後二十年「單打、雙不打」的日子。此後，一直到解嚴之前，金門一直都維持著「戰地前線」，監視著中國大陸的一舉一動，也成為台灣在面對中共威脅時最前線的哨兵。

　　隨著冷戰結束與戰地政務的解除，金門的角色也開始轉變，像台灣本島一樣，金門享有完全的民主和自由，也成為

台灣在面對中國大陸時，名副其實的「民主燈塔」。而從二十一世紀開始，金門又扮演另一個更重要的歷史新角色，那就是成為「兩岸和平的最前線」。

前幾天，著名的走唱歌手「金門王」不幸過世，阿扁昨天還特別到他的靈前致哀。「金門王」之所以眼睛失明，就是小時候撿到未爆的炸彈，在玩耍時不小心引爆造成雙眼和一隻手受傷。

金門王的不幸遭遇告訴我們，「戰爭」的結果與代價，往往是要由千千萬萬的後代子孫來承擔，所以「和平」的建立和維持，才是國家永續發展的基礎，也是作為國家領導人必須銘記在心的真理。

金門這種特殊的歷史經驗與資產，在「戰爭」與「和平」歷史中所扮演的角色，不但在兩岸之間有其特殊性，即使在國際上，也幾乎是獨一無二。金門的許多景點，不但見證國際冷戰的歷史，也提醒著國際與兩岸，不應再重蹈冷戰或戰爭的歷史，它也提醒世人追求和平的重要。

很快地，阿扁擔任中華民國第十任總統已經快滿兩年了，五十多年來首次政權和平轉移的過程，儘管充滿挑戰和困難，我們終究順利的走了過來。有些人一開始對阿扁當總統可能引發兩岸衝突有著很深的憂慮，但事實證明，兩年來，兩岸關係並沒有出現緊張的局面。

很多人對兩岸關係的未來有著急切的期待，也對阿扁如何實現「兩岸關係的正常化」有許多的指教，這些阿扁都感念在心。只是，作為中華民國的總統，阿扁必須將兩千三百萬台灣人民自由意志的選擇背在身上，他們大多數雖然都只

是平凡的小人物，但卻都是我們台灣真正的主人。

面對兩岸民間頻繁的往來，政府實施了「小三通」，開啓了兩岸互動的新頁，也正式的消除了「國共對抗」的陰影。金門成為兩岸人員與貨物交往的首開門戶，在雙方逐步推動與加溫之下，金門和廈門之間也在最近逐步開始有了定期航班的出現。甚至在今年元宵節的時候，雙方還曾以「煙火」取代過去的「砲火」，共享燦爛的星空。這些轉變，儘管是漸進的，但是就兩岸關係的互動來看，卻具有重要而正面的意義。

也許有很多人並不清楚，金門所實施的社會福利制度其實是台澎金馬的標竿，只不過這幾年來因為角色的轉變與駐軍的減少，使得過去賴以維生的產業和榮景也受到衝擊。為了恢復金門的繁榮，個人覺得，應該讓金門進一步的走向國際，將國際觀光與國際開發引進金門。

阿扁擔任總統已經兩年，中國大陸也即將面臨權力的接班，不論未來新的中共領導人是否有魄力和能力，與台灣進行理性、務實的對話協商，我們都已經做好談判的準備，也誠心期盼中共領導人能夠敞開心胸，迎接台灣的善意。

兩岸近在咫尺，只要用肉眼就可以看到對岸，大家其實就像是好鄰居一樣，都可以相互邀請對方來家裡坐一坐、喝喝茶，這其實也就是現在兩岸民間交往的最佳寫照。所以，如果中共領導人願意，阿扁也願意邀請他們到神泉茶坊來喝茶、談天。

阿扁相信，只要有恆心和耐心，兩岸的領導人一定能用智慧和創意，秉持「善意的和解」、「積極的合作」，來共同

追求兩岸「永久的和平」,打開兩岸和解的「機會之窗」。

最後,阿扁願意在大膽島大膽重申:

第一,兩岸關係的正常化是台海永久和平的基礎,兩岸關係的正常化必須是從經貿關係正常化開始做起,兩岸政治統合的第一步必須從經貿及文化的統合開始著手,這個政策目標不會退縮也不會改變。

第二,兩岸必須重啓協商的大門,方能減少誤會及誤判,復談的第一步就是先行互訪,8月1日以後,阿扁將推動執政黨中國事務部主任率團訪問中國大陸,以促進彼此的瞭解與政黨的和解。

第三,兩岸三通是必走的一條路,而小三通是大三通的第一步,擴大小三通造福金馬地區的民眾乃是當務之急,政府應積極研擬規劃一定人員的中轉金門,以及在總量的管制下適度開放農產品得以進口金馬地區,而不再被視為是犯罪和走私。

總之,阿扁願意用善意和誠意來敲門,用信心和行動來開門,阿扁對台灣有信心,對兩岸的未來有信心。

附件七

2003.01.01陳水扁總統九十二年元旦談話

總統致詞內容全文為：

　　今天是中華民國92年的元旦，我們在此迎接新年的到來，必須嚴肅檢討過去，更要惕勵用心、向前邁進。

　　過去的一年，大家都非常的辛苦。外在的大環境，包括國際政治情勢以及全球產業景氣都還在變動不明的狀態，台灣的內部也有許多亟待解決的問題。面對多重的逆境和挑戰，台灣要求生、求勝，勢必要付出更多的努力。在越是艱難的時刻，我們越沒有悲觀的本錢，更沒有自亂陣腳的空間。政府與人民應該緊密團結在一起，攜手度過難關，為國家的前途、為人民的福祉找到一條進步繁榮的出路。

　　在新年開始的第一天，阿扁首先要提出「一個目標、兩個重點」，做為我們未來這一年共同努力的方向。「一個目標」就是──「讓人民過得更好」，「兩個重點」就是──「拼經濟」和「大改革」。

　　政府是為人民而存在的。在不景氣的環境中，人民的挫折和不滿不是根源於統計的數據，而是直接來自日常生活的感受。儘管各項的數據顯示經濟成長已經從谷底回升，但是人民還無法具體感受，仍然對現狀不能滿意。阿扁相信，台灣人民肯吃苦、能耐勞，絕對不會被一時的挫折擊倒，但是在人民與政府共體時艱的同時，政府更要將心比心，照顧人民切身的感受，解決民眾最迫切的問題。

　　諸如就業的問題、治安的問題、民生的問題、醫療健康的問題等等，都和民眾的生活息息相關，不管權責在中央或者地方，各級政府應該把人民關心的事情都當作大事，戒慎恐懼地來處理。尤其對於社會比較弱勢的一群，包括基層勞

工、農漁民和失業的民眾,更應該有妥善周延的照顧。在艱難的環境中,讓人民對未來有希望,國家的未來才有希望,讓人民過得更好,台灣的前途就會更好。

　　當然,要讓人民過得更好,必須大家一起來努力,讓台灣變得比過去更好。過去兩年多,在新舊世紀、新舊政權的交替過程中,許多長期隱藏的問題陸續浮現,加上全球景氣循環的低潮,國內的政局又歷經政黨輪替初期的紊亂紛擾,國家的處境、政府的處境可以說是內外交迫。然而,不管原因何在,身為人民選出的國家領導人,阿扁願意承擔所有的責任。阿扁也相信,台灣人民的眼睛是雪亮的,在朝野政黨的角色扮演中,應該各盡本分,任何人都沒有推諉卸責的空間。

　　我們寄望朝野合作,更期盼行政、立法能夠有良性的互動,但是作為執政者,凡事都要反求諸己、反躬自省。今天,阿扁提出「拚經濟」和「大改革」的兩大施政重點,不僅是當前民意之所趨,更應該是未來檢視政府與政黨作為的指標。

　　在「拚經濟」方面,行政院依據「經發會」的共識基礎,擬具了多項振興經濟的政策方案,阿扁不必在此一一列舉,但是未來都必須逐項推動落實。去年10月,國民黨曾經提出有關「當前台灣經濟情勢、問題與對策」,阿扁也親自致函連主席表達感謝。其中所提各項方案,大多數是「經發會」的共識,行政部門已經做成具體政策,相關法案也已提送立法院待審,可見朝野政黨對於未來拚經濟的方向及對策有高度的共識。當務之急應該是進一步結合朝野之力,加速

各項待審法案的立法通過。

　　台灣的經濟發展要同時面對全球競爭、大陸磁吸效應以及歷史的包袱等三大課題，可以說是一場最嚴厲的經濟挑戰，我們沒有猶豫的時間，更沒有蹉跎的本錢。不管是政府民間、勞方資方、朝野政黨都應該把產業競爭力、國家競爭力擺中間，透過不斷的改革，擺脫過去的包袱，提升行政的效能與企業的競爭力，讓台灣在嚴酷的考驗中脫穎而出。

　　從「拚經濟」到「大改革」，其實是環環相扣的。當前民眾寄望最深的，可以說是金融改革、教育改革、司法改革和政治改革。

　　金融改革的推動，不但攸關金融秩序的穩定及外商對台灣投資的信心，更涉及社會公平正義的實現，對台灣能否躍升為世界經貿大國，具有關鍵性的影響。過去一年多，政府整頓基層金融已經跨出了一大步，儘管有一時的波折，但是改革的決心不會動搖。過去的執政者讓台灣變成特權超貸、違法淘空的天堂，一再上演「肥了金融大盜、瘦了無辜百姓」的戲碼，我們絕對不能坐視，更不允許再度發生。面對所有的重大金融弊案，檢調單位都必須徹查速辦，司法的審判也應該回應人民對社會正義的要求，有效嚇阻金融犯罪的發生。唯有如此，政府持續推動二五八金改的目標，並且以金融重建基金來協助解決金融問題的規劃才有意義。

　　人才是國家競爭力的根本，我們的下一代將決定台灣未來的興衰。台灣的教改之路走了將近十年，部分的目標已經達成，但是在改革變動的過程中，也出現許多執行和適應的問題。阿扁相信，教育改革不能走回頭路，但是學生、家長

和老師對於執行面的反應最為直接,從中央到地方的教育當局應該傾聽各界的意見,對於目前施行的方案和教學方式,都可以有檢討改進的空間,唯有在改革中尋求共識,才能讓教育的百年大業早日邁入常軌。

最近的一些事情,再度讓司法改革成為社會輿論的焦點。阿扁曾經多次肯定翁院長、司改會以及全體司法人員對於國家社會的貢獻。如今,人民對於司法正義與審判效率的期待更為殷切,大家的責任也更為沈重。阿扁希望,目前正在立法院審議的「司法院組織法」的修正案能夠獲得朝野政黨的支持,儘快順利通過,加速法院組織及訴訟制度的革新,提高各級法院審理案件的效率與品質。

政治改革的目的在於強化行政與立法效能,也在於健全民主政治的發展。在「經發會」的共識之下,推動政府改造的工程持續進行,而國會改革的呼聲也沒有因為選舉的結束而終止,未來都需要朝野政黨共同努力。除此之外,有關「政黨法」及「政治獻金法」等政治陽光法案,希望能夠儘速立法完成,讓台灣的民主發展更健全、政治環境更清明。

各位伙伴,親愛的國人同胞,我們應該對於國家未來的發展堅定信念,對兩千三百萬人民的前途抱持信心。台灣唯有自立自強,才能跟國際競爭,也才能跟對岸競爭。

前年的九一一事件發生以來,一個全新的國際秩序正在建構之中,全球戰略情勢也發生相當大的轉變。中華民國作為國際社會的一員,我們不能、也不應該置身事外。過去一年多,我們積極參與國際反恐行動,也投入相對的人道援助。在全球對抗恐怖主義的浪潮中,我們更深切體認到,反

恐只能治標，民主才是治本之道，這也正是阿扁主持三芝戰略會議所達成的重要結論。未來，台灣將繼續結合志同道合的盟邦及國際友人，致力於全球民主化的實現。

去年11月，中國共產黨舉行「十六大」，順利完成權力的交替與政黨的改革，對於這樣的結果我們樂觀其成。因為只有海峽兩岸都維持穩定進步，才能為兩岸人民創造最大的福祉。

基於這樣的理由，我們也願意提醒中共當局，要維持國家持續的發展，制度的透明不可或缺，必須讓更多人民有參與公共事務的機會，才能奠定長治久安的基礎。中國大陸的持續發展，對大陸、對台灣，乃至於對整個東亞及世界，都是一件重要的事。如果有適當的機會，我們願意與大陸的領導當局及社會各界一起分享台灣豐富的民主經驗。

過去兩年多以來，政府一直致力於兩岸關係的穩定，也持續尋求突破現狀的機會。阿扁願意重申就職以來的立場，海峽兩岸應該秉持「善意和解、積極合作、永久和平」的原則，共同推動兩岸關係的良性發展。在和解、合作與和平的前提之下，我們不會片面改變以「四不一沒有」為主軸的各項承諾。

當前兩岸都各自提出未來建設與發展的藍圖，今天阿扁願意慎重提出，海峽兩岸有必要將「建立和平穩定的互動架構」，作為現階段共同努力的重大目標。讓兩岸在二十一世紀的前二十年，創造經濟發展的共同利基，營造長期交往的良性環境。要邁出第一步，可以從協商和推動兩岸直航及相關的經貿議題著手，為雙方文化與經濟進一步的交流提供條

件，進而使兩岸能夠在既有的基礎及漸進的互信之上，秉持民主、對等、和平的原則，共同來處理更長遠的問題。

　　各位伙伴，親愛的國人同胞，我們要對民主有信心，對台灣有信心。只要我們不怕困難、不畏懼挑戰，兩千三百萬人民齊心協力、勇敢前進，機會就在我們身邊，成功就在我們前面！

　　最後，敬祝中華民國國運昌隆！海內外同胞新年快樂！

附件八

國家統一綱領

民國80年2月23日國家統一委員會第三次會議通過
民國80年3月14日行政院第2223次會議通過

壹、前言

　　中國的統一，在謀求國家的富強與民族長遠的發展，也是海內外中國人共同的願望。海峽兩岸應在理性、和平、對等、互惠的前提下，經過適當時期的坦誠交流、合作、協商，建立民主、自由、均富的共識，共同重建一個統一的中國。基此認識，特制訂本綱領，務期海內外全體中國人同心協力，共圖貫徹。

貳、目標

　　建立民主、自由、均富的中國。

參、原則

一、大陸與台灣均是中國的領土，促成國家的統一，應是中國人共同的責任。

二、中國的統一，應以全民的福祉為依歸，而不是黨派之爭。

三、中國的統一，應以發揚中華文化，維護人性尊嚴，保障基本人權，實踐民主法治為宗旨。

四、中國的統一，其時機與方式，首應尊重台灣地區人

民的權益並維護其安全與福祉，在理性、和平、對等、互惠的原則下，分階段逐步達成。

肆、進程

一、近程——交流互惠階段

（一）以交流促進瞭解，以互惠化解敵意；在交流中不危及對方的安全與安定，在互惠中不否定對方為政治實體，以建立良性互動關係。

（二）建立兩岸交流秩序，制訂交流規範，設立中介機構，以維護兩岸人民權益；逐步放寬各項限制，擴大兩岸民間交流，以促進雙方社會繁榮。

（三）在國家統一的目標下，為增進兩岸人民福祉：大陸地區應積極推動經濟改革，逐步開放輿論，實行民主法治；台灣地區則應加速憲政改革，推動國家建設，建立均富社會。

（四）兩岸應摒除敵對狀態，並在一個中國的原則下，以和平方式解決一切爭端，在國際間相互尊重，互不排斥，以利進入互信合作階段。

二、中程——互信合作階段

（一）兩岸應建立對等的官方溝通管道。

（二）開放兩岸直接通郵、通航、通商，共同開發大陸東南沿海地區，並逐步向其他地區推展，以縮短兩岸人民生活差距。

（三）兩岸應協力互助，參加國際組織與活動。

（四）推動兩岸高層人士互訪，以創造協商統一的有利
　　　條件。

三、遠程——協商統一階段

　　成立兩岸統一協商機構，依據兩岸人民意願，秉持政治
民主、經濟自由、社會公平及軍隊國家化的原則，共商統一
大業，研訂憲政體制，以建立民主、自由、均富的中國。

附件九

關於「一個中國」的涵義

1992年8月1日國家統一委員會第八次會議通過

一、海峽兩岸均堅持「一個中國」之原則，但雙方所賦
　　予之涵義有所不同。中共當局認為「一個中國」即
　　為「中華人民共和國」，將來統一以後，台灣將成
　　為其轄下的一個「特別行政區」。我方則認為「一
　　個中國」應指1912年成立迄今之中華民國，其主權
　　及於整個中國，但目前之治權，則僅及於台澎金
　　馬。台灣固為中國之一部分，但大陸亦為中國之一
　　部分。

二、民國38年（公元1949年）起，中國處於暫時分裂之
　　狀態，由兩個政治實體，分治海峽兩岸，乃為客觀
　　之事實，任何謀求統一之主張，不能忽視此一事實
　　之存在。

三、中華民國政府為求民族之發展、國家之富強與人民
　　之福祉，已訂定「國家統一綱領」，積極謀取共
　　識，開展統一步伐；深盼大陸當局，亦能實事求
　　是，以務實的態度捐棄成見，共同合作，為建立自
　　由民主均富的一個中國而貢獻智慧與力量。

附件十

1996.04.08李前總統登輝國統會上談話（李六條）

今天是國家統一委員會改組後的第一次會議，我們聽取了行政院大陸委員會和國家安全局的報告，同時也進行了熱烈的討論。各位基於對國家統一問題的高度關注，所發表的意見，非常重要，本人將請有關單位作進一步研究非常感謝大家！

　　民國79年5月20日，登輝在中華民國第八任總統宣誓就職典禮的致詞中，曾明確指出「當此全人類都在祈求和平、謀求和解的時刻，所有中國人也應共謀以和平與民主的方式，達成國家統一的共同目標」；為了「匯集國人的智慧，發揮我們的特長，以積極務實的作為，掌握民心的歸趨，主導兩岸關係的發展，早日達成國家統一的目標」，10月7日成立國家統一委員會。國家統一委員會於80年2月23日通過國家統一綱領，具體說明了中華民國追求自由、民主、均富、統一的信念與進程。80年4月30日，本人宣告終止動員戡亂時期，更實際展現了我們開創和平統一的誠意。

　　「國家統一綱領」中列舉了四項原則，第一，大陸與台灣均是中國的領土，促成國家的統一，應是中國人共同的責任。第二，中國的統一，應以全民的福祉為依歸，而不是黨派之爭。第三，中國的統一，應以發揚中華文化，維護人性尊嚴，保障基本人權，實踐民主法治為宗旨。這三項，相信是全體中國人，包括兩岸有責任感的政黨所不能否定的。

　　然而，由於四十多年來，海峽兩岸不同制度、不同條件形成的發展差距，我們為了對台澎金馬的兩千一百萬同胞負責任，同時也為維護中國人在台灣所締造的可貴經驗，分潤全中華民族，所以，國家統一綱領又列舉了第四項原則：中

國的統一，其時機與方式，首應尊重台灣地區人民的權益並維護其安全與福祉，在理性、和平、對等、互惠的原則下，分階段逐步達成。

近年來，海峽兩岸民間往來日益頻繁，各項交流不斷發展擴大，兩岸人民跨越長期的隔絕，逐漸增進彼此的瞭解；而辜汪會談及兩岸事務性商談，標誌著兩岸關係走入協商的時代。兩岸關係的發展開啟了全中華民族重新融合的新頁，是令人珍惜的歷史進程。但是，由於大陸當局未能正視中華民國政府已存在八十四年，並持續擁有對台澎金馬主權與治權的事實，處處否定、排擠我們在國際上應有的發展與地位，致使和平統一的步伐停滯不前。

不容諱言，兩岸分離對峙四十餘年，累積的敵意與誤解自難立即消弭。然而，面對新的情勢，兩岸都必須以新的體認，採取務實的作為，促成真正的和諧，才能塑造中國再統一的有利氣候與形勢。因此，針對現階段的情勢，為建立兩岸正常關係，我們提出以下的主張：

一、在兩岸分治的現實上追求中國統一

民國38年以來，台灣與大陸分別由兩個互不隸屬的政治實體治理，形成了海峽兩岸分裂分治的局面，也才有國家統一的問題。因此，要解決統一問題，就不能不實事求是，尊重歷史，在兩岸分治的現實上探尋國家統一的可行方式。只有客觀對待這個現實，兩岸才能對於「一個中國」的意涵，儘快獲得較多共識。

二、以中華文化為基礎，加強兩岸交流

　　博大精深的中華文化，是全體中國人的共同驕傲和精神
支柱。我們歷年來以維護及發揚固有文化為職志，也主張以
文化作為兩岸交流的基礎，提升共存共榮的民族情感，培養
相互珍惜的兄弟情懷。在浩瀚的文化領域裡，兩岸應加強各
項交流的廣度與深度，並進一步推動資訊、學術、科技、體
育等各方面的交流與合作。

三、增進兩岸經貿往來，發展互利互補關係

　　面對全球致力發展經濟的潮流，中國人必須互補互利，
分享經驗。台灣的經濟發展要把大陸列為腹地，而大陸的經
濟發展則應以台灣作為借鑑。我們願意提供技術與經驗，協
助改善大陸農業，造福廣大農民；同時也要以既有的投資與
貿易為基礎，繼續協助大陸繁榮經濟，提升生活水準。至於
兩岸商務與航運往來，由於涉及的問題相當複雜，有關部門
必須多方探討，預作規劃。在時機與條件成熟時，兩岸人士
並可就此進行溝通，以便透徹瞭解問題和交換意見。

四、兩岸平等參與國際組織，雙方領導人藉
　　 此自然見面

　　本人曾經多次表示，兩岸領導人在國際場合自然見面，
可以緩和兩岸的政治對立，營造和諧的交往氣氛。目前，兩

岸共同參與若干重要的國際經濟及體育組織，雙方領導人若能藉出席會議之便自然見面，必然有助於化解兩岸的敵意，培養彼此的互信，為未來的共商合作奠定基礎。我們相信，兩岸平等參與國際組織的情形愈多，愈有利於雙方關係發展及和平統一進程，並且可以向世人展現兩岸中國人不受政治分歧影響，仍能攜手共為國際社會奉獻的氣度，創造中華民族揚眉吐氣的新時代。

五、兩岸均應堅持以和平方式解決一切爭端

炎黃子孫須先互示真誠，不再骨肉相殘。我們不願看到中國人再受內戰之苦，希望化干戈為玉帛。因此，於民國80年宣布終止動員戡亂，確認兩岸分治的事實，不再對大陸使用武力。遺憾的是，四年來，中共當局一直未能宣布放棄對台澎金馬使用武力，致使敵對狀態持續至今我們認為，大陸當局應表現善意，聲明放棄對台澎金馬使用武力，不再做出任何引人疑慮的軍事行動，從而為兩岸正式談判結束敵對狀態奠定基礎。本人必須強調，以所謂「台獨勢力」或「外國干預」作為拒不承諾放棄對台用武的理由，是對中華民國立國精神與政策的漠視和歪曲，只會加深兩岸猜忌，阻撓互信；兩岸正式談判結束敵對狀態的成熟度，需要雙方共同用真心誠意來培養醞釀。目前，我們將由政府有關部門，針對結束敵對狀態的相關議題進行研究規劃，當中共正式宣布放棄對台澎金馬使用武力後，即在最適當的時機，就雙方如何舉行結束敵對狀態的談判，進行預備性協商。

六、兩岸共同維護港澳繁榮，促進港澳民主

　　香港和澳門是中國固有領土，港澳居民是我們的骨肉兄弟，1997年後的香港和1999年後的澳門情勢，是我們密切關心的問題。中華民國政府一再聲明，將繼續維持與港澳的正常聯繫，進一步參與港澳事務，積極服務港澳同胞。維持經濟的繁榮與自由民主的生活方式，是港澳居民的願望，也受到海外華人和世界各國的關注，更是海峽兩岸無可旁貸的責任。我們希望大陸當局積極回應港澳居民的要求，集合兩岸之力，與港澳人士共同規劃維護港澳繁榮與安定。

　　近百年來，中國歷經重重苦難，始終未能建立自由富裕的現代化社會。五十年前抗戰勝利，雖然結束了外力入侵，重現希望的曙光，然而兩岸又告分離。四十餘年來，中華民國秉承孫中山先生遺志，致力推動民生建設，在經濟上創造了全球肯定的「台灣經驗」；近年又積極從事憲政改革，實踐主權在民的民主理念。這一切作為，都在為中華民族的未來奠定基礎。儘管兩岸長期分隔，但我們向來珍惜與大陸同胞的手足之情，時時以全中國人民的福祉為念。而未來，我們也將繼續發揮相互扶持的同胞愛，協助大陸地區在穩定的局勢中，謀求進一步的發展。我們希望大陸的經濟日益繁榮，政治走向民主，讓十二億同胞享有自由富裕的生活。本人堅定地相信，在國際局勢日趨緩和的今天，兩岸分別展開民權及民生建設，進行和平競賽，是對全中華民族最直接、最有效的貢獻，不但能謀求中國統一問題的真正解決，並能

使炎黃子孫在世界舞台昂首屹立。這才是民族主義的真諦，
也是面對二十一世紀，兩岸執政者不容推卸的責任。

附件十一

2002.08.03陳水扁總統「一邊一國」談話內容

（陳水扁總統以視訊直播方式於世界台灣同鄉聯合會第二十九屆年會中致詞）

（來賓稱謂略）

　　首先阿扁要恭喜大家，第二十九屆世台會年會今天在日本東京盛大的舉行，再一次顯現海外鄉親對台灣這片土地的熱愛以及各地台灣同鄉會旺盛的活力，一定能夠帶領著世台會走向新的發展和新的境界，為台灣的未來繼續努力，及打拚。

　　長久以來世台會對台灣政治的民主、社會的開放以及人權的保障，作出重大的貢獻。在過去充滿著苦難和最黑暗的日子，因為有大家的犧牲和奉獻，讓台灣民主的香火在海外延續下去，同時也不斷對台灣的民主運動提供援助，並刺激島內的民眾認真思考台灣的前途和未來。最後在公元2000年，新世紀將要來臨之時，終於實現了大家的願望，完成了政黨的輪替以及政權的和平移轉，讓台灣成為一個完全自由民主的國家，並以這光榮的成就站在全世界上。

　　另一方面，世台會多年來為了確保台灣的主體性，讓國際社會能夠聽到台灣人民的心聲，同樣不斷奉獻心力。過去大家愛台灣，不怕犧牲，很多鄉親受到迫害，長年流亡海外不能回到故鄉。不過，各位的努力和付出並沒有白白浪費，大家長久以來所堅持的理念，例如：台灣主權獨立絕對不能被剝奪和限制、台灣的前途必須由台灣人民自己決定以及台灣的利益優先等等，現在不但都已經成為台灣民意的主流，同時也已經得到國際社會普遍的重視。

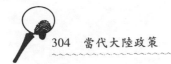

　　我們要對自己有信心，對台灣的未來有信心。過去大家
不怕強權的欺侮，抱著對故鄉台灣的愛，堅持走自己的路，
最後為台灣走出一條自由民主的大路。今日台灣面對中共武
力的威脅和在國際上的打壓，我們絕對不能逃避也不能有任
何的幻想，只要大家團結一致，站穩自己的腳步，把握住自
己的方向，阿扁相信一定能夠再一次走出我們的路，走出台
灣的前途，為台灣人的尊嚴和國家的安全開創新的局勢，同
時也為台灣社會的繁榮與進步，建立更加堅強的基礎。

　　阿扁要再一次祝福今年的年會圓滿順利成功，並誠心的
期待在郭會長的帶領之下和各位鄉親熱情的參與和支持，世
台會一定會不斷成長壯大，繼續為台灣發聲，積極提升台灣
在世界的地位，全面開拓台灣在國際生存的空間。

　　在此，個人也要提出幾點呼籲，請大家共同認真的思
考：

　　一、阿扁這幾天有講，我們必須要認真思考，要走自己
的路，走我們台灣的路，走出我們台灣的前途，什麼叫「我
們台灣自己的路」，很簡單，也很清楚，非常明白，我們自
己台灣的路就是台灣的民主之路、台灣的自由之路、台灣的
人權之路、台灣的和平之路。

　　二、台灣是我們的國家，我們的國家不能被欺負、被矮
化、被邊緣化及地方化，台灣不是別人的一部分；不是別人
的地方政府、別人的一省，台灣也不能成為第二個香港、澳
門，因為台灣是一個主權獨立的國家，簡言之，台灣跟對岸
中國一邊一國，要分清楚。

　　三、中國一直不放棄對台灣使用武力，在國際上打壓台

灣，這對台灣人民的感情有很大傷害，中國說的所謂「一個中國原則」或「一國兩制」就是對台灣現狀的改變，我們不可能接受，因為台灣的未來，台灣的現狀是否要改變？不是任何一個國家、任何一個政府、任何一個政黨、任何個人可以替我們決定，只有二千三百萬偉大的台灣人民，才有權利對台灣的前途、台灣的命運和現狀來做決定。而有需要的時候要如何決定？就是我們長期追求的理想和目標；也是大家共同的理念——公民投票，公民投票是基本人權，也是二千三百萬人民的基本人權，不能被剝奪和限制的，個人要誠懇的呼籲和鼓舞大家，要認真思考公民投票立法的重要性和迫切性。

　　最後，阿扁也要敬祝在座的每一位朋友和鄉親，大家身體健康、萬事如意！

國家圖書館出版品預行編目資料

當代大陸政策 / 邵宗海著. -- 初版. -- 台北市：生智，
 2003[民 92]
　　面；　公分. -- （亞太研究系列；22）
　　ISBN　957-818-568-5（平裝）
　　1. 兩岸關係

573.09　　　　　　　　　　　　　　　　92017088

當代大陸政策　　　　　　　　　　亞太研究系列 22

著　　　者／邵宗海
出 版 者／生智文化事業有限公司
發 行 人／林新倫
總 編 輯／林新倫
執行編輯／張何甄
登 記 證／局版北市業字第 677 號
地　　　址／台北市新生南路三段 88 號 5 樓之 6
電　　　話／(02)2366-0309
傳　　　真／(02)2366-0310
E - m a i l／shengchih@ycrc.com.tw
網　　　址／http://www.ycrc.com.tw
郵撥帳號／19735365
戶　　　名／葉忠賢
印　　　刷／科樂印刷事業股份有限公司
法律顧問／北辰著作權事務所　蕭雄淋律師
初版一刷／2003 年 12 月
定　　　價／新台幣 350 元
I S B N／957-818-568-5

總 經 銷／揚智文化事業股份有限公司
地　　　址／台北市新生南路三段 88 號 5 樓之 6
電　　　話／(02)2366-0309
傳　　　真／(02)2366-0310